Uri Weinblatt

Unbeteiligt, gelangweilt, unmotiviert

Mit Jungs wieder in Kontakt kommen

Aus dem Englischen von Astrid Hildenbrand

Mit einer Abbildung und 2 Tabellen

Vandenhoeck & Ruprecht

Bibliografische Information der Deutschen Nationalbibliothek:
Die Deutsche Nationalbibliothek verzeichnet diese Publikation in der
Deutschen Nationalbibliografie; detaillierte bibliografische Daten sind
im Internet über https://dnb.de abrufbar.

© 2022 Vandenhoeck & Ruprecht, Theaterstraße 13, D-37073 Göttingen,
ein Imprint der Brill-Gruppe
(Koninklijke Brill NV, Leiden, Niederlande; Brill USA Inc., Boston MA, USA;
Brill Asia Pte Ltd, Singapore; Brill Deutschland GmbH, Paderborn, Deutschland; Brill Österreich GmbH, Wien, Österreich)
Koninklijke Brill NV umfasst die Imprints Brill, Brill Nijhoff, Brill Hotei,
Brill Schöningh, Brill Fink, Brill mentis, Vandenhoeck & Ruprecht, Böhlau,
Verlag Antike und V&R unipress.

Alle Rechte vorbehalten. Das Werk und seine Teile sind urheberrechtlich
geschützt. Jede Verwertung in anderen als den gesetzlich zugelassenen Fällen
bedarf der vorherigen schriftlichen Einwilligung des Verlages.

Umschlagabbildung: motortion/stock.adobe.com

Satz: SchwabScantechnik, Göttingen
Druck und Bindung: CPI books GmbH, Leck
Printed in the EU

Vandenhoeck & Ruprecht Verlage | www.vandenhoeck-ruprecht-verlage.com
E-Mail: info@v-r.de

ISBN 978-3-525-46278-2

Inhalt

Einleitung 9

I Was geschieht heute mit Jungs? 12

Scham: Die wichtigste Emotion im Leben eines Jungen 15
Wenn Scham und Videospiele zusammenkommen 20
Ein Doppelleben 22
Der Rückgang der Motivation 25
Der Computer als Zufluchtsort bei Schwierigkeiten und
Misserfolgen 28
Die Angst vor der Langeweile 31
Von der Krise zu Kontakten und innerem Wachstum gelangen 37

II Wie man mit Jungs spricht 38

Das Schweigen akzeptieren 40
Der Verlust der Stimme 43
Wenn Scham im Schatten lauert 46
Gefahr droht: das Gespräch! 48
Sich schämen oder nicht schämen? Das ist hier die Frage 49
Jungs helfen, dass sie ihre Stimme behalten 51
Graduelle Aufdeckung der Gefühle 52
Kommunizieren ohne Beschämung 53
Beim Spielen reden 56
Verborgene Selbstkritik identifizieren 58
Gespräche, die Verbindung schaffen: »Den Moment lösen
und nicht das Problem« 59

III Kontakt zu ängstlich-vermeidenden und selbstentfremdeten Jungs aufnehmen 63

Die Falle namens Verantwortung 65
Warum geschieht das gerade jetzt? 66
Die Abkoppelung von der Schule 67
Das Gefühl, nicht dazuzugehören 72
Computerabhängigkeit als Vorbote der Entfremdung 75
Zum Angstgefühl gesellt sich die Scham 79
Schwierigkeiten im Umgang mit Herausforderung, Leiden und gefühlter Minderwertigkeit 80
Die Angst vor Erwartungen und Enttäuschungen 82
Die Angst, gesehen zu werden 83
Hör auf, Gott zu spielen! 86
Sich vor wem verstecken? 87
Ehrlichkeit und Vertrautheit als Heilmittel gegen Entfremdung 89
Entschlossenheit, Geduld und Vertrauen 90

IV Vom Feind zum Verbündeten: Videospiele als Chance für Wachstum und Entwicklung 92

Computerspiele sind kein Kinderspiel 92
Nennen wir das Kind beim Namen 95
Bewusst spielen 99
Stolz statt Scham 102
Kontakt statt Abkoppelung 104
Spielen ins Leben integrieren 107
Selbstkenntnis durch Spielen 108
Aus Computerspielen lernen, wie man mit Schwierigkeiten umgeht 110
Mit anderen zusammen sein 114
Einen Sinn im Leben finden 117
Die Führungsrolle zurückgewinnen 119

V Cannabis: Wie der Wunsch nach Kontakt zur Abkoppelung führt 121

Jenseits von Gut und Böse 122
Das richtige Gespräch 123
Eine schleichende Abhängigkeitsentwicklung 126
Zugang zu anderen und einer Gemeinschaft finden 128
Ein Heilmittel gegen Langeweile 132
Keine Erwartungen, kein Schmerz 134
Sieben Grundsätze beim Ergreifen von Maßnahmen 136
Gründe für vorsichtigen Optimismus 145

VI Ein langer und kurvenreicher Weg zum Erwachsensein 146

Wenn sich das Erwachsenwerden verzögert, verlängert sich die Elternschaft 150
Die Kluft zwischen erwachsen (adult) und noch nicht erwachsen (präadult) sein 151
Arbeit und Vergnügen miteinander kombinieren 154
Wenn aus langsamer Entwicklung Stillstand wird 158
Die Last der Scham abwerfen 160
Die Abkoppelung vom Selbst führt zum Vergessen des Seins 162
Die Beziehung zu sich führt zu einem stärkeren Selbstwertgefühl 163
Jungs zum Wollen verhelfen 165
Vorsicht, Unterstützung verwandelt sich nicht in Befähigung! 169
Geduld 170

Literatur 172

Einleitung

THERAPEUT: »Was macht Ihnen Sorgen?«
ELTERN: »Unser Sohn geht nicht aus dem Haus, hasst jegliche körperliche Betätigung, spielt den ganzen Tag lang am Computer.«
THERAPEUT: »Und wenn er mal nicht spielt, jammert er über Langeweile ...«
ELTERN: »Die ganze Zeit über!«
THERAPEUT: »Und mit Schwierigkeiten kann er nicht wirklich gut umgehen ...?«
ELTERN: »Nein, kann er nicht. Sagen Sie mal, was ist mit den Jungs von heute eigentlich los?«

Wir alle wissen, irgendetwas hat sich verändert: Wir sehen unselbstständige Jungs, die sich über Langeweile beklagen; Jungs, die weder die Motivation noch das Verlangen verspüren, etwas zu unternehmen; Jungs, die von der realen Welt abgekoppelt sind. Es ist eindeutig, dass mit unseren Jungs und jungen Männern gerade etwas geschieht.

Als Eltern, Erzieherinnen und Therapeuten fragen wir uns, was wir tun können, um diese jungen Menschen zu unterstützen und zu ermuntern, ihr Leben in die Hand zu nehmen. Wir können die dramatische Veränderung in ihren Verhaltensmustern bezeugen und wünschen uns nichts sehnlicher, als ihnen zu helfen, erwachsen und selbstständig zu werden und ihnen das nötige Rüstzeug mitzugeben, damit sie die Herausforderungen des Lebens in der heutigen Welt bewältigen können.

VATER: »Als ich so alt war, wie er jetzt ist, hatte ich schon so einiges geleistet.«
THERAPEUT: »Aber er weiß über viele Dinge Bescheid, die Ihnen in seinem Alter nicht bekannt waren.«

> VATER: »Na ja, wir hatten keine Computer!«
> THERAPEUT: »Das stimmt. Es ist eine andere Welt, in der wir gerade leben ... In gewisser Weise sind die Jungs von heute den Jungen von gestern durchaus ähnlich, aber sie sind auch wieder ganz anders.«

Wie schon in allen Generationen vor uns, die technologische Umbrüche erlebt haben, versuchen auch die Jungs von heute, sich den neuen Technologien anzupassen, die in ihrem Leben eine starke Rolle spielen. Technologie im Allgemeinen und Computerspiele im Besonderen prägen die Muster, nach denen Jungs die Verbindung zu sich selbst und zu anderen Menschen suchen. In den späteren Phasen ihrer Entwicklung lässt dieses Verlassen auf Technologie tendenziell nach. Aber wenn die Jungs älter werden und weniger Zeit vor Bildschirmen verbringen, brauchen sie oft eine neue Vermittlungsinstanz, um in Kontakt zu sich und anderen zu kommen. Diese Verbindungen finden heute immer mehr Jungen, indem sie Gras rauchen und Alkohol trinken.

Insofern stehen die Jungs und jungen Männer von heute einer komplexen Situation gegenüber. Einerseits werden sie von der Technologie so geformt, dass sie passiv und sanftmütig sind und sich auf den Computer verlassen, um viele ihrer Bedürfnisse zu befriedigen. Andererseits erwartet die Gesellschaft von ihnen, dass sie sich auf eine Weise verhalten, die an frühere Vorstellungen von Knaben und Burschen anknüpft. Das heißt: hart sein, Schwierigkeiten bewältigen, sich mit Freunden treffen und ausgehen. Viele Jungen schaffen es, solch gegensätzliche Anforderungen unter einen Hut zu bringen, doch das erweist sich häufiger als ein mühseliges Unterfangen, das ein einziger Kampf ist – mit sich selbst und den Menschen in ihrem Umfeld. Viele Jungen haben große Schwierigkeiten, diese beiden Erwartungshaltungen in sich zu vereinen, und entwickeln ängstlich-vermeidende Verhaltensweisen, zu denen unter anderem sozialer Rückzug, schulische und berufliche Leistungsverweigerung, übermäßige Nutzung von Videospielen sowie Abhängigkeit von Alkohol oder Marihuana zählen.

Das heißt nicht, dass Computerspiele sich unbedingt negativ auf Jungen auswirken: Die virtuelle Welt ist schließlich der Ort, an dem sie lernen, mit anderen Menschen in Kontakt zu treten und sich mit ihnen zu messen. Außerdem entwickeln Jungs, die maßvoll Videospiele spielen, meistens keine problematischen ängstlich-vermeidenden Verhaltensweisen – sie können sogar in vielerlei Hinsicht davon profitieren. Tatsächlich lernen die meisten Jungs an irgendeinem Punkt in ihrem Leben, Computerspiele und Lebenswirklichkeit miteinander zu verbinden. Aber eben nicht alle – und denjenigen zu helfen, die das nicht tun, ist das Thema dieses Buches.

Das Buch ist so angelegt, dass es Eltern, Therapeutinnen und Erziehern einen Leitfaden bietet. Zuerst werden die Ursachen für die Krise von Jungs umrissen (Kap. 1), wobei der Auftakt der Leserschaft vielleicht etwas theoretischer vorkommt als der Rest des Buches. Die sich anschließenden Kapitel sind auf alltägliche Herausforderungen ausgerichtet: Jungen zu helfen, erfolgreich mit anderen Menschen zu kommunizieren (Kap. 2); ihnen aus Mustern der Abschottung und des Vermeidungsverhaltens herauszuhelfen (Kap. 3); ihnen zu zeigen, wie das Phänomen Computer konstruktiv in ihr Leben eingebaut werden kann (Kap. 4); Jungs und junge Männer zu motivieren, ihren Cannabiskonsum zu reduzieren (Kap. 5); und junge Männer zu unterstützen, selbstständig zu werden und eine Richtung im Leben zu finden (Kap. 6).

In allen Kapiteln dieses Buches versuche ich, Wege aufzuzeigen, wie man – auf einem Kontinuum von leicht bis äußerst schwierig – Probleme einschätzen kann, und ich schlage sowohl für die einfacheren als auch robusteren Situationen spezifische Interventionen vor. Jedes Kapitel enthält außerdem Reflexionsfragen, mit deren Hilfe Sie ein stärkeres Bewusstsein für die an Jungs gestellten Herausforderungen entwickeln und die Komplexitäten ihres Lebens und des Lebens ihrer Mitmenschen klarer erkennen sollen; darüber hinaus werden praktische Tipps angeboten, die Ihrem Sohn oder Klienten helfen sollen, seinem Leben eine positive Richtung zu geben.

Das Buch enthält anonymisierte Auszüge aus Therapiegesprächen mit Jungs bzw. jungen Männern und ihren Eltern. Anhand dieser Unterhaltungen möchte ich das übergeordnete Prinzip beleuchten, an dem sich mein Ansatz orientiert: Wenn wir uns auf die Bedürfnisse und Fähigkeiten von Jungen einstellen, können wir ihre Selbstakzeptanz, ihre Motivation und ihre Bereitschaft fördern, sich mit den Schwierigkeiten der heutigen Realität auseinanderzusetzen.

Was geschieht heute mit Jungs?

Die Eltern von Liam (10 Jahre): »Sobald es für ihn anstrengend wird, gibt er sofort auf.«

Die Eltern von Matteo (12 Jahre): »Er geht nicht vom Computer weg. Wenn wir ihm den Computer wegnehmen, jammert er über Langeweile.«

Die Eltern von David (13 Jahre): »Er weigert sich, zur Schule zu gehen, und fehlt sehr oft.«

Die Eltern von Elias (14 Jahre): »Er hasst es, draußen zu sein, in der Natur.«

Die Eltern von Noah (15 Jahre): »Er trifft sich nicht mit Freunden.«

Die Eltern von Michael (15 Jahre): »Er schert sich um gar nichts und ist immer gelangweilt; er interessiert sich nicht einmal für Mädchen.«

Die Eltern von Christian (16 Jahre): »Er hat nur ein Ziel im Leben: Gras kaufen und sich zudröhnen.«

Die Eltern von Mark (19 Jahre): »Er ist jetzt auf der Universität, aber er beschwert sich ständig und will abbrechen.«

Die Eltern von Sebastian (25 Jahre): »Er wechselt ständig den Job. Er benimmt sich nicht wie ein Erwachsener.«

Jede Generation ist mit ihren eigenen psychischen Schwierigkeiten konfrontiert. Als Freud vor etwa 120 Jahren seinen psychoanalytischen Ansatz entwickelte, beruhte dieser primär auf seinen Ansichten bezüglich der Hysterie, einem emotional verankertem Störungsbild, das aus damaliger Sicht meist Frauen betraf und heute aufgrund einer neueren wissenschaftlichen Perspektive anders bewertet wird und quasi nicht mehr existiert. In den zurückliegenden Jahrzehnten sind verschiedene Gefühls- und Verhaltensprobleme gekommen und gegangen: In den 1970er und 1980er Jahren waren es Essprobleme wie Anorexia nervosa und Bulimie, denen hauptsächlich Mädchen zum Opfer fielen; in den 1990er Jahren und in der ersten Dekade des 21. Jahrhunderts gab es eine Welle von Teenagern und jungen Menschen, die sich durch Ritzen selbst verletzten und so ihren seelischen Schmerz bewältigten; seit ein paar Jahren ist ein neues Problem aufgetaucht, das vorwiegend Jungs erfasst (Zimbardo u. Coulombe, 2015) und an Einfluss gewonnen hat. Die Charakteristika sind Vermeidungsverhalten, Schwierigkeiten im Umgang mit Herausforderungen, verminderte Motivation sowie apathisches Verhalten und Mangel an Zielgerichtetheit oder Sinnhaftigkeit.

In den letzten 15 Jahren hat sich die Welt, die wir bewohnen, bis zur Unkenntlichkeit verwandelt. Smartphones, Internet und Computerspiele haben bereits Erwachsene und Kinder gleichermaßen verändert. Die Transformationen, die durch die permanente Einführung neuer Technologien herbeigeführt werden, sind so rasant, dass deren Auswirkungen kaum mehr in Echtzeit beurteilt werden können. Sie sind aber so dramatisch und fundamental, dass sie unsere ureigensten Verhaltensweisen beeinträchtigen: Schlafmuster, zwischenmenschliche Kommunikation und sogar Liebesbeziehungen. Was bis vor Kurzem noch als Teil der menschlichen Natur betrachtet wurde, erweist sich nun als Derivat menschlicher Kulturleistungen und Technologien.

Während die Folgen dieser Entwicklungen bei uns allen Spuren hinterlassen, gibt es in unserer Gesellschaft eine große Gruppe, die dafür besonders anfällig ist: die Jungs. Warum gerade Jungen? Weil sie die größten Konsumenten neuer Technologien und vor allem von Videospielen sind. Mädchen dagegen hängen an ihrem Smartphone, das ist klar, doch benutzen sie es hauptsächlich als Kommunikationsmittel. Im Unterschied dazu verwenden Jungs Smartphones, Computer und Spielkonsolen als Geräte, auf denen sie Videospiele spielen, und genau diese haben einen enormen Einfluss auf ihre Identitätsbildung, auf ihre Fähigkeit der Emotionsregulation und ihre Muster des Soziallebens, eben darauf, wie man das Zusammensein mit anderen Menschen gestaltet und deren Anwesenheit genießt.

ELTERN: »Unsere Töchter studieren und führen ein erfülltes Sozialleben. Unser Sohn dagegen …«
THERAPEUT: »Oh ja, ich weiß: Früher waren die Jungs die meiste Zeit

> draußen und die Mädchen daheim. Heute ist es genau umgekehrt ...«
> ELTERN: »Ja, er war den ganzen letzten Sommer über drinnen, hat nie das Haus verlassen!«
> THERAPEUT: »Früher habe ich den Eltern geholfen, dass ihre Söhne wieder ins Haus kommen, weil sie die ganze Nacht über draußen waren. Jetzt helfe ich den Eltern, dass ihre Söhne an die frische Luft gehen.«

Viele Eltern berichten, dass ihre Söhne unmotiviert, dem Leben entrückt und gelangweilt sind; dass sie sich schwer tun, mit Widrigkeiten zurecht zu kommen; dass sie schon beim ersten Hindernis, das sich ihnen in den Weg stellt, dazu tendieren, aufzugeben und vom Leben erwarten, auf Rosen gebettet zu werden und nichts als Spaß und nochmals Spaß zu haben. Arbeit, Anstrengung – und, ja, auch Leiden – sehen Jungs von heute nicht mehr als feste Bestandteile des Lebens, nicht mehr als essenzielle Faktoren eines jeden Lernprozesses. Im Gegenteil, diese Aspekte betrachten sie als unnatürlich, unfair und voller Fehlschläge und Enttäuschungen.

> **Eine Reflexionsfrage** Haben es Jungs von heute, verglichen mit Ihrer eigenen Kindheit, schwerer oder leichter im Leben?

Natürlich sind heute nicht alle Jungs motivationslos, von der Realität abgekoppelt oder stumpfsinnig. Früher oder später finden die meisten von ihnen Interesse an bestimmten Dingen, entwickeln tiefer gehende Beziehungen und setzen sich erstrebenswerte Ziele, zu denen sie sich bekennen können – und das auch tun. Doch hinter den vielen Jungs und jungen Männern, die ihren Weg ins Leben gefunden haben, hält sich eine große und ständig wachsende Menge junger Menschen versteckt, deren Lebenssituation weitaus gefährdeter ist.

Diese Jungen – unabhängig davon, ob sie im Grundschulalter, auf Mittelstufenniveau sind oder ins Gymnasium gehen – und jungen Männer – unabhängig davon, ob sie studieren (wenn sie an einer Hochschule eingeschrieben sind) und vielleicht Anfang zwanzig oder in den Dreißigern sind – zeigen wenig Interesse an ihrem

Umfeld und sind skeptisch, dass sich die Situation zu ihren Gunsten entwickeln könnte. Wenn diese Jungs und jungen Erwachsenen von Fachleuten für psychische Gesundheit beurteilt werden, bekommen sie oft die Diagnose einer Depression und/oder einer Angststörung, auch wenn ihr Zustand den klassischen Kriterien dieser Störungen nicht entspricht. Im Grunde genommen sind sie eher der realen Welt entrückt als betrübt und eher unwillig als ängstlich – sie zeigen also zwei Verhaltensmuster, hinter denen sich eine Emotion verbirgt, die meistens unterschätzt wird: Scham.

Scham: Die wichtigste Emotion im Leben eines Jungen

Seit ein paar Jahren konzentriert sich die psychologische Forschung auf die Untersuchung von Emotionen. Waren in den Jahrzehnten davor die Scheinwerfer zumeist auf das Denken und seine zahlreichen kognitiven Verzerrungen als die wesentliche Bestimmungsgröße für Alltagspraxis und dysfunktionale Handlungsmuster gerichtet, werden heute unsere Emotionen als der maßgebliche Faktor gesehen, der unsere Verhaltensweisen und Zielsetzungen motiviert.

Das Wesen und die Intensität unserer Emotionen bestimmen darüber, wohin wir steuern: ob wir uns anderen Menschen nähern oder ihnen fernbleiben, ob wir angreifen oder weglaufen, ob wir Neugier zeigen, Spaß haben usw. Wenn eine Emotion reguliert ist, das heißt, wenn sie in der richtigen Intensität präsent ist, werden wir in die Richtung einer gesunden Anpassung und zum Gelingen angetrieben. Ist eine Emotion unreguliert, wenn ihre Intensität also entweder zu stark oder zu schwach ist, entwickeln wir Symptome: Dann tendieren wir zum überzogenen Angreifen (unregulierte Wut), oder wir flüchten und ziehen uns zu stark zurück (unregulierte Angst).

In der psychologischen Forschung versucht man seit Jahren, die elementarsten Emotionen des Menschen zu definieren: also die Basalemotionen, aus denen sich die restlichen Gefühle ableiten lassen. Darüber hat man in der Forschung noch keinen Konsens erreicht, aber es besteht mehr oder weniger Übereinstimmung darin, dass Wut, Traurigkeit, Angst und Ekel die zentralen »negativen« Emotionen sind, während Freude und Vergnügen die zentralsten »positiven« Emotionen sind. Alle Emotionen, sowohl negative als auch positive, sind wichtig und notwendig, damit wir uns so verhalten können, dass es dem Überleben – wenn auch nicht unbedingt dem Sozialleben und dessen charakteristischen Anforderungen – zuträglich ist.

Die Wissenschaft hat eine Familie von Emotionen identifiziert, die einen entscheidenden Einfluss auf das Sozialverhalten eines Menschen haben, beispielsweise Verlegenheit, Schuldgefühle, Stolz und – entscheidend – Scham (Tracy, Robins u. Tangney, 2007). Ein typisches Merkmal dieser Familie ist es, dass sie die Selbstwahrnehmung und die Fähigkeit zur Beurteilung des eigenen Verhaltens voraussetzt. Im Rahmen dieser Selbstbeurteilung erleben wir Stolz, wenn wir uns eine gute Bewertung geben, und wir erfahren Schuld oder Scham, wenn die Bewertung schlecht ausfällt (Scheff, 1990).

In der Evolutionspsychologie, die menschliches Verhalten durch die Bestimmung der Funktion von Emotionen in früheren Zeiten zu entschlüsseln versucht, wird behauptet, dass sich die Emotion der Scham herausgebildet hat, um dem einzelnen Menschen eine Vorstellung von seinem Platz in der Gruppe zu vermitteln (Gilbert u. McGuire, 1998). Da das Leben in der Gemeinschaft verlangt, dass wir einerseits über Kenntnisse von unserem Platz in der Gruppenhierarchie verfügen und andererseits Hemmungen haben, die uns vor Handlungen gegen Gruppenentscheidungen bewahren, hat sich die Emotion der Scham entwickelt, damit wir zur Einhaltung sozialer Normen angeleitet und davon abgehalten werden, von diesen abzuweichen. In früheren Zeiten hatten Schamgefühle eine lebensrettende Funktion: Verhaltensweisen, die Gruppenstandards verletzten, führten zum Ausschluss, der in den meisten Fällen den sicheren Tod bedeutete (Fessler, 2004).

Scham ist die wichtigste Emotion in Beziehungen, die wir nicht nur zu anderen Menschen unterhalten, sondern auch zu uns selbst (Kaufmann, 2004). Genau diese Emotion empfindet man, wenn man das Gefühl von Minderwertigkeit oder Unterlegenheit erlebt: sei es, weil man die eigene Position als geringer einschätzt als die des anderen, oder sei es, weil man sich für die Nichterfüllung der eigenen Erwartungen schlecht macht.

Scham ist eine schwer fassbare Emotion. Obwohl wir alle tagtäglichen Schamgefühle verspüren, können wir sie nicht immer auf den

Punkt bringen, wie wir das im Fall von anderen Emotionen wie Wut, Traurigkeit oder Angst tun. Das überrascht nicht, denn das Schamgefühl ist geschickt darin, sich zu verstecken oder sich in eine andere Emotion zu verwandeln, die sich leichter ausdrücken lässt (Lewis, 1995). In dem Wort Scham oder Schamgefühl wird nicht die Gesamtheit der aus dieser Emotion resultierenden Erfahrungen zum Ausdruck gebracht. Stattdessen benutzen wir andere Wörter, zum Beispiel Schmerz, Respektlosigkeit, geringes Selbstwertgefühl, Demütigung, Schmach usw. Doch alle diese Begriffe sind Teil des Schamerlebens (siehe Abb. 1).

Das Schamgefühl wird häufig verwechselt mit der Verlegenheit, die zur selben Emotionsfamilie gehört, aber essenziell anders ist. Verlegenheit entsteht in Situationen, in denen man sich der Lächerlichkeit ausgesetzt und verwundbar fühlt; sie schwindet jedoch

Abbildung 1: Das Schamgefühl und damit verbundene Erfahrungen; eigene Darstellung

dahin, wenn man in ein vertrautes und sicheres Umfeld zurückkehrt. Das Schamgefühl dagegen ist eine mächtigere und anhaltendere Erfahrung und führt dazu, dass man sich als fehlerbehaftet und wertlos empfindet. Das Gefühl der Scham bleibt noch lange bestehen, auch nachdem der Eindruck des Ausgesetztseins abgeklungen ist, und schlägt sich meistens in einer endlosen Selbstkritik nieder, die sich wiederum in grüblerischen Endlosschleifen äußert und große Qualen und Leiden hervorruft.

Menschen durchleben weitaus mehr Schamgefühle, als ihnen bewusst ist, und das gilt insbesondere für Jungs. Weil Scham nämlich im Gewand der Schwäche, Verwirrung und Hilflosigkeit auftreten kann, überrascht es nicht, dass Jungen es so schwer haben, diese Emotion zu identifizieren und aufzulösen. Unter dem Erwartungsdruck – unabhängig davon, ob er selbstauferlegt ist oder von anderen ausgeht –, mit dem Jungs und junge Männer konfrontiert sind, das heißt, dass sie auf keinen Fall Schwäche oder Verwundbarkeit zeigen dürfen, erhöht sich das Schamniveau in ihrem Leben, was dazu führt, dass sie Erfahrungen der Scham in sich selbst nicht mehr identifizieren können.

Die Erwartungen – ob selbstauferlegt oder ausgehend von anderen – an Jungs und junge Männer, auf keinen Fall Schwäche oder Verwundbarkeit zu zeigen, erhöht das Schamniveau und verhindern, dass sie die Schamerfahrung in ihnen selbst identifizieren.

> ELTERN: »Er hat sehr viele Probleme, aber er spricht nicht darüber.«
> THERAPEUT: »Was ihn daran hindert, über diese Probleme zu sprechen, ist Scham. Sprechen würde ihm ermöglichen, Schamgefühle abzubauen, aber um das tun zu können, muss er es zulassen, dass andere Menschen ihn annehmen, und genau das würde die Scham erst einmal erhöhen.«
> ELTERN: »Gut, und wie können wir ihn dazu bringen, dass er mit uns redet?«

Das Ausmaß des Schamgefühls bestimmt darüber, wie bereitwillig wir uns anderen Menschen gegenüber öffnen, mit ihnen beratschlagen, von ihnen Hilfe annehmen, mit ihnen sprechen und uns mit ihnen austauschen, uns um andere kümmern und von ihnen versorgt werden, kurz gesagt: mit anderen Menschen in Verbindung treten. Wenn unser Schamniveau reguliert ist, erleben wir es nicht mehr als Demütigung, wenn wir Hilfe annehmen, sondern als Unterstützung; wenn das Schamniveau steigt, nimmt unsere Fähigkeit ab, die bestehenden Schwierigkeiten zu identifizieren, darüber zu sprechen und Lösungen zu finden. Hilfeleistung für Jungs ist deshalb gleichwertig mit dem Wissen um die Regulation der Scham, die sie zum Schweigen bringt, paralysiert und sie dadurch daran hindert, die von ihnen benötigte Hilfe zu bekommen.

Das unausgesprochene Gesetz, keine Verletzbarkeit zu zeigen, was im Grunde genommen die Kehrseite des Verbotes ist, Scham zu empfinden, hat schon immer zum Leben von Jungen dazugehört; doch mit unserer Generation kam ein weiterer mächtiger Wirkfaktor dazu, der bei Jungs und jungen Männern oft Schamgefühle auslöst: der Anspruch, etwas Besonderes zu sein.

Inzwischen reicht es nicht mehr aus und wird sogar als beschämend verstanden, ein gewöhnlicher, durchschnittlicher Junge zu sein, ein Junge wie viele andere auch. Im Gegensatz zu einer häufig vertretenen Auffassung, dass diese Entwicklung notwendigerweise aus den hohen Erwartungen der Eltern an ihre Söhne resultiert, ist sie eher das Produkt einer Kultur, die größten Wert auf »enormen Erfolg« legt – und nichts anderes!

Bei Jungs ist die Wirkung solcher Erwartungen von frühester Kindheit an mit Händen zu greifen. Und genau aufgrund solcher Zwänge haben junge Männer in ihren Zwanzigern Schwierigkeiten, in das Berufsleben einzusteigen:

> MARTIN (22 Jahre): »Ich habe keine Aussicht, im Leben erfolgreich zu sein.«
> THERAPEUT: »Was heißt für Sie ›im Leben erfolgreich zu sein‹?«
> MARTIN: »Viel Geld zu verdienen.«
> THERAPEUT: »Und wenn Sie ein durchschnittliches Einkommen haben, wie die meisten Menschen?«
> MARTIN: »Das klingt für mich nicht gut.«

Ähnliche Themen tauchen auch in Gesprächen mit kleineren Jungs und Adoleszenten auf, obwohl diese ihre Gedanken nicht so klar formulieren können wie junge Männer. Wenn kulturelle Erwartungen weniger heftige Schamgefühle auslösen, hören wir von Jungen aller Altersstufen Aussagen wie: »Ich bin einfach nicht gut genug.« Doch wenn sich das Schamniveau erhöht, spiegeln sich in ihren Worten intensiver Schmerz und starke Selbstkritik: »Ich bin ein Niemand«, »Ich bin Scheiße«, »Ich bin wertlos« und letztendlich »Ich möchte sterben!«.

Eine Reflexionsfrage Wie verkraftet Ihr Sohn die kulturellen Erwartungen des »Groß-Rauskommens«?

Wenn Scham und Videospiele zusammenkommen

Spielerische Betätigung ist für Jungen die wichtigste Art und Weise zu lernen, wie Schamgefühle reguliert werden können. Beim Spielen gibt es Gewinner und Verlierer, Platzhirsche und Unterlegene, Rangordnungen, Medaillen und sonstige Auszeichnungen, die als Symbole für Status und Erfolg stehen. Beim Spielen sind Jungs mit Hindernissen konfrontiert und diese müssen sie überwinden. Mit jedem neuen Spiel erkennen sie, dass die Anfangsphase immer die schwierigste ist und die Sache mit fortgesetztem Spielgang leichter wird. Durch das Spielen lernen Jungs, Teil einer Mannschaft zu sein, zu kooperieren und Zugang zu anderen zu finden. Und durch Herausforderung und Wettbewerb – sei es auf dem Fußballfeld, am Schachbrett, beim Kampf um die Beherrschung der Feinheiten des Geigenspiels oder im Rollenspiel Dungeons & Dragons – lernen sie auch, zu sich selbst in Kontakt zu kommen und ihre Identität zu finden.

Angesichts einer traurigen, langweiligen oder schmerzhaften Wirklichkeit sind Spiele schon immer eine Quelle des Trostes gewesen. Im Gegensatz zur Alltagsroutine werden Jungs im Spiel mit Wertvorstellungen, Zielsetzungen und Interessen vertraut gemacht; das ist schon immer so gewesen und ist auch heute noch so. Doch in den letzten zwei Jahrzehnten haben Jungen traditionelle Spiele (wie Brett- oder Ballspiele) aufgegeben; und inzwischen konzentrieren sie sich zunehmend auf unterschiedlichste Videospiele, die oft den Spielen ähnlich sind, die Jungs früher gespielt haben, in Wirklichkeit aber einen anderen Charakter haben, durch dessen Einfluss die Spieler sich grundlegend verändern.

Computerspiele unterscheiden sich von herkömmlichen Spielen dadurch, dass sie ein eingebautes Feedbacksystem haben. Beim Videospiel bekommt der Gamer permanent eine objektive Einschätzung seiner Handlungskompetenz. Das heißt, dass er zu jedem beliebigen Zeitpunkt eine reale Rückmeldung zur Qualität seiner Leistung bekommt, auf deren Basis er seine echten Fähigkeiten beurteilen kann. Ein erfolgreicher Spielzug führt zu einem positiven Ergebnis, während eine fehlerhafte Reaktion ein negatives Resultat bringt. Videospiele sind außerdem so strukturiert, dass die Situationen, mit denen der Spieler konfrontiert ist, nie allzu herausfordernd sind, was Angst und Vermeidungsverhalten verursachen würde; sie sind aber auch hinreichend herausfordernd, damit keine Langeweile entsteht und der Junge das Spiel nicht abbrechen möchte.

Die Entwickler von Videospielen verfügen über ein enormes Wissen über die Psyche von Jungs und jungen Männern. Sie wissen genau, wie man die Gamer in Bann zieht und ihr Interesse aufrechterhält, wodurch diese zu regelrechter Schwerstarbeit motiviert werden; sie wissen genau, wann die Gamer zu belohnen sind und wie man sie frustriert, was allerdings nicht so weit gehen darf, dass der Spieler aufgeben würde. Spieleentwickler wissen, wie man Plattformen baut, auf denen Jungs mit anderen kommunizieren können; wie in der Entwicklung begriffene Beziehungen gefördert und Chancen der Zusammenarbeit erhöht werden können.

ELTERN: »Wenn er nicht am Computer spielt, wirkt er deprimiert.«
THERAPEUT: »Und wenn er spielt?«
ELTERN: »Wirkt er glücklich.«

Der Grund, weshalb Computerspiele bei Jungen so beliebt sind, ist der, dass sie die Gamer mit wertvollen Erfahrungen ausstatten, wie es das »echte Leben« (einschließlich herkömmlicher Spiele) nicht kann. Tatsächlich können Jungs durch Videospiele zwei Grunderfahrungen machen, die dem schmerzvollen Empfinden von Scham diametral entgegengesetzt sind:

- Erfolgserleben – das Gefühl von Kompetenz, Leistungsvermögen und Geschicklichkeit haben.
- Zugehörigkeitsgefühl – sich mit anderen Jungen austauschen und zu ihnen Kontakt aufnehmen sowie damit einhergehende Gefühle von Gemeinschaft und gegenseitiger Unterstützung erleben.

Wenn früher ein Junge im »Spiel des Lebens« verloren hatte, musste er ausscheiden, um seine Wunden zu lecken, durfte aber irgendwann wieder in das Spiel zurückkehren. Diese Art von emotionaler Qual – die zu Leidensmomenten, aber auch zu Kreativität und Resilienz zu führen pflegte – können Jungs von heute dadurch beseitigen, dass sie einfach einen Knopf drücken. Durch den Eintritt in eine andere Welt, in der man sich rasch von Verlusten erholt, entwickeln Jungen nicht die notwendige Kompetenz, um derlei Erfahrungen auszuhalten. So wird ein Prozess in Gang gesetzt, durch den Jungen gegenüber Eindrücken von Unterlegenheit und Problemen des wirklichen Lebens zunehmend sensibel und als Konsequenz immer tiefer in die virtuelle Welt hineingezogen werden.

Ein Doppelleben

Laut dem Diagnostischem und Statistischem Manual Psychischer Störungen DSM-5, herausgegeben von der American Psychiatric Association, sind die Kennzeichen depressiver Störungen unter anderem depressive Stimmung, Antriebslosigkeit, Müdigkeit, Interessenlosigkeit, Gefühle der Wertlosigkeit und übermäßige Schuldgefühle. Heute bekommen tatsächlich viele Jungs und jungen Männer die Diagnose depressive Störung (oder Angststörung), obwohl die entsprechenden Krankheitssymptome nur ab und zu auftreten. Anders ausgedrückt: Sie führen ein Doppelleben: Wenn sie keine Videospiele spielen, erscheinen sie depressiv, aber am Bildschirm strahlen sie Vitalität, Energie und Optimismus aus – sie wirken glücklich!

Das Doppelleben von Jungen hat eine lange Geschichte (Bukobza, 2017). Eine ganze Schar von Superhelden, angefangen bei Samson über Superman und Spiderman bis hin zu Hulk, hat eines gemeinsam: Die Figuren führen ein Leben, das von Zerrissenheit oder Gegensätzen geprägt ist, von einer Dimension, derer sie sich oft nicht bewusst sind. In ihren beiden Verkörperungen können diese mythischen Superhelden entweder sehr mächtig oder sehr schwach sein, aber nicht beides zugleich.

Bei vielen Jungs von heute verläuft der markanteste Riss zwischen dem Leben in Videospielen und dem Leben außerhalb der Spiele, das heißt zwischen dem Spiel-Ich und dem Nicht-Spiel-Ich.

> THERAPEUT: »Sag mal, wie erklärst du dir das: Wenn du am Computer spielst, bist du kreativ, aktiv und proaktiv, aber im Alltagsleben bist du genau das Gegenteil?«
> ERIK (16): »Weil das eine ein Spiel ist, und das andere ist das Leben.«
> THERAPEUT: »Aber wenn du spielst, bist immer noch du das, es ist niemand anders!«
> ERIK: »Es fühlt sich an, als ob es jemand anderes ist.«

Häufig sagen Jungen, dass ihr wahres Selbst dasjenige ist, das am Computer spielt.

> THERAPEUT: »Mit wem identifizierst du dich mehr: Welche der beiden Daniels, von denen du mir erzählt hast, ist eher *du*?«
> HENRY (14): »Wenn ich am Computer spiele, fühle ich mich gelöst, frei. Wenn ich spiele, darf ich der sein, der ich bin.«
> THERAPEUT: »Und wenn du nicht spielst?«
> HENRY: »Dann bin ich – wie – verschlossen, ich bin kein großer Kommunikator.«
> THERAPEUT: »Das ist aber schade, dass die meisten Leute nicht wissen, wer du wirklich bist, oder?«

Die meisten Jungs empfinden das Doppelleben als verwirrend, weil sie kaum herausfinden können, wer sie wirklich sind. Einerseits haben viele von ihnen das Gefühl, dass sie nicht gut genug sind, dass sie weder ihren eigenen Erwartungen noch denen anderer Menschen entsprechen können und dass sie sich in Extremsituationen als sogenannte Loser herausstellen. Andererseits bietet das Videospiel eine riesige Fülle an Erfahrungen, unter anderem Eroberung, Ruhm, Sieg, Überwindung, Unterwerfungen (vgl. Tab. 1). In der Welt der Spiele wird dieses elementare, allumfassende und berauschende

Gefühl von sagenhafter Macht als Fiero (italienisch für Stolz, Ehre, vgl. McGonigal, 2012) bezeichnet – und dieses Gefühl stellt sich ein, wenn man die Hände in die Luft wirft und einen dröhnenden Schrei des Glücks ausstößt (im Hebräischen würde man »Yeshhhh!!!«, im Deutschen »Jaaaaa!!!«, im Englischen »Yesssss!!!« brüllen).

Tabelle 1: Die Kluft zwischen Spielerleben und Erfahrungen im Leben

	Die Erfahrung beim Spiel	Die Erfahrung im Leben
Selbstkonzept	Held	Loser
Frustration	Nicht bis zum Grad der Bedrohung; manchmal aber auch darauf aus	Löst das Gefühl von Hilflosigkeit und Wut aus
Interessensgrad	Neugierig	Gelangweilt
Lernmotivation	Hoch	Niedrig
Zwischenmenschliche Kommunikation	Spricht laut, ist präsent	Spricht wenig, ist ängstlich-vermeidend
Vorherrschende Emotion	Stolz	Scham

Dieser Riss, der das Leben von Jungen durchzieht, ergibt einen gewissen Sinn. Die Sinnhaftigkeit, die sie aus Videospielen gewinnen, ist meistens eine ganz andere als die aus herkömmlichen Spielen und Alltagserfahrungen. Der erklärte Zweck von Computerspielen ist es, positive Emotionen, Spaß, Motivation und Genugtuung zu erzeugen. Videospiele werden auf Basis von psychologischem Wissen entwickelt, das sich nach der Welle der Positiven Psychologie und der Glücksforschung in den letzten 20 Jahren herausgebildet hat. Manche Unternehmen der Spieleindustrie haben ihre eigenen Forschungsabteilungen und stellen tonangebende Experten ein, damit sie die Neurobiologie von spielebezogenen Emotionen untersuchen (Alter, 2017). Kann die Wirklichkeit damit überhaupt konkurrieren?

Am Ende sind viele Gamer abgekoppelt von den Realitäten ihres Lebens, das natürlich unweigerlich voller Schwierigkeiten und Frustrationen ist. Diese fehlende Verbindung zum realen Leben führt ihrerseits zu verstörenden Verhaltensweisen, die auf eine verminderte

Motiviertheit, auf Einsamkeit und ein chronisches Gefühl der Langeweile zurückzuführen sind.

> **Eine Reflexionsfrage** Was tun Sie, um Ihrem Sohn beizubringen, dass das Leben und Videospiele miteinander vereinbar sind?

Der Rückgang der Motivation

Die stärkste Triebkraft für jegliches Handeln steckt in unseren Emotionen: Sie sind der Kompass, der uns in die richtige Richtung treibt, und liefern auch den Kraftstoff für die Fortbewegung. Wenn Jungen keinen Zugang zu ihrem Gefühlsleben haben, verlieren sie sowohl die Richtung als auch den Kraftstoff. Wenn der Wille zum Handeln abnimmt, betrifft das viele Bereiche, zum Beispiel die Schule und diverse körperliche und soziale Aktivitäten, die früher teilweise zu den Lieblingsbeschäftigungen von Jungs gehört haben, etwa Verreisen und Wandern. Eltern und Erzieher fühlen sich angesichts eines solchen Mangels an Motivation hilflos und reagieren wütend – schließlich wollen sie den Jungen helfen, dass sie im Leben vorankommen und etwas erreichen, doch erhalten sie für Ihre Mühen keine Gegenleistung.

> ELTERN: »Er ist nicht bereit, auch nur die kleinste Anstrengung zu machen. Alle sind nur für ihn da, alle unterstützen ihn, alle wollen helfen, aber er – nichts, nicht bereit, etwas für sich selbst zu tun!«
> THERAPEUT: »Außer Videospiele, bei denen er – da bin ich mir sicher – sich sowohl anstrengt als auch Entschlossenheit zeigt …«
> ELTERN: »Na ja, natürlich, wenn er am Computer sitzt, ist er ein völlig anderer Junge!«

Der Schulbesuch hat noch nie zu den Lieblingsbeschäftigungen von Jungs gehört, aber in den letzten 20 Jahren ist ihre Lernmotivation deutlich und zunehmend zurückgegangen (Sax, 2016) – was sich an ihren Schulnoten ablesen lässt und sich auch in der Zahl der jungen Männer widerspiegelt, die an einer Hochschule studieren wollen (Farrel u. Gray, 2018). Die Forschung bezeugt dieses Phänomen, das auf einer Reihe von Faktoren beruht, von denen einige nachstehend aufgeführt werden:

- Die Bildungsanforderungen sind ab dem frühen Lebensalter gestiegen, obwohl Jungen noch nicht die kognitive Lernreife haben.
- Die heutigen Lehrpläne beinhalten generell weniger praxisbezogene Fächer als früher, wodurch Jungs den Schulbesuch weniger angenehm empfinden.
- Die Kluft zwischen der Lernerfahrung in der Schule und dem Videospielerlebnis zu Hause wird zunehmend größer.

Viele intelligente und fähige Jungen werden eingeschult, obwohl sie noch nicht die nötige Reife dafür haben. Infolgedessen ist es für sie schwierig, im Klassenzimmer stundenlang still zu sitzen, das Unterrichtsgeschehen zu verfolgen, und so verlieren sie schnell die Geduld. Wenn Jungs die frühen Lernanforderungen in pädagogischen Kontexten nicht erfüllen können, erleben sie immer wieder Fehlschläge. Im Gegenzug dämpft dieses Muster ihre Lust und ihre Motivation zum Lernen.

Ein jüngeres Kind kann das, was ihm widerfährt, auf zweierlei Art deuten: Entweder ist die Schule schlecht (»Ich hasse die Schule! Ich hasse den Lehrer! Mir ist langweilig!«), oder das Kind ist faul. Die zweite Deutung ist tückischer: Jungen können zwar nicht so wortreich sagen: »Die Schule gibt mir das Gefühl, dass ich mich schämen muss, weil ich minderwertig bin und nichts erreiche!«, aber sie können auf diese Weise fühlen. Diese negative Selbstwahrnehmung führt zu einem geringen Selbstwertgefühl und zu einer Abneigung, sich mit Herausforderungen auseinanderzusetzen, und zwar nicht nur mit schulischen Problemen, sondern mit allen Schwierigkeiten, die Verletzlichkeit hervorrufen.

Ein heranwachsender Junge zieht vielleicht den Schluss, dass Lernen nicht wichtig ist, weil alle Schulfächer mittlerweile theorielastig sind. Die meisten regulären Lehrpläne beinhalten keine praxisnahen Fächer mehr wie beispielsweise Werken mit Holz, Elektrik, Fotografie oder Mechanik, die früher als Alternative zu den eher praxisfernen Fächern angeboten und von Jungs in aller Regel für angemessen und nützlich gehalten wurden.

> THERAPEUT: »Du sagst also, dass dich im Gymnasium nichts wirklich interessiert?«

MICHAEL (15): »Es wird nichts unterrichtet, was mir in Zukunft helfen könnte.«
THERAPEUT: »Was würdest du gerne lernen? Was würde dich motivieren? Was würde bei dir das Gefühl erzeugen, mit der Schule stärker verbunden zu sein?«
MICHAEL: »Wenn wir zum Beispiel etwas über das Immobilienwesen lernen würden, wie man mit Geld umgeht, wie man geschäftlich verhandelt.«

Jungs wollen praxisbezogenes Wissen. Sie wollen »echte« Fertigkeiten und Fähigkeiten entwickeln. Sie wollen eine Schule besuchen, die das Lernen im Klassenzimmer verknüpft mit der »Realität«, die einen Ansatz verfolgt, mit dem die lernfeindliche Einstellung von Jungen bekämpft werden könnte.

Videospiele kann man auch so einsetzen, um die Motivation von Jungs aufzubauen, indem man das Spielerleben mit dem wirklichen Leben in Verbindung bringt:

THERAPEUT: »Du weißt, dass Videospiele – abgesehen davon, dass sie interessant sind und Spaß machen – dir auch etwas über dich beibringen können?«
KEVIN (14): »Warum soll ich denn etwas über mich selbst lernen?«
THERAPEUT: »Wenn du dich wirklich kennst, dann weißt du wirklich, was du gut kannst und was du nicht gut kannst. Mit diesem Wissen kannst du entscheiden, welche Richtung in deinem Leben die richtige ist. Du kannst gute Entscheidungen treffen, die dir helfen können, dass du erfolgreich wirst. Ist das etwas, was dich interessieren könnte?«
KEVIN: »Mann, ich hätte nie gedacht, dass ich aus Spielen etwas über mich lernen könnte.«

Die Schule ist nur ein Bereich, in dem die Abnahme der Leistungsbereitschaft von Jungen deutlich spürbar ist. Der andere Bereich ist das Sozialleben, in dem Jungs nicht die Willenskraft aufbringen, sich mit dem Neuen und Unvertrauten auseinanderzusetzen oder Unbekanntes zu erkunden. Diese Passivität wird in Mußestunden, vor allem in den Sommerferien, umso dramatischer. Früher waren das die Zeiten, in denen die Kinder draußen waren, sich mit Freunden trafen und im Freien spielten. Jungen mochten diese Art des zwanglosen Dahinlebens. Heute verbringen viele Jungs mangels äußerer Strukturen, die sie aufregend finden, die ganzen Sommerferien zu Hause, bewegen sich von Bildschirm zu Bildschirm und klagen permanent über Langeweile.

Der Computer als Zufluchtsort bei Schwierigkeiten und Misserfolgen

> ELTERN: »Sobald irgendein Problem auftaucht, sitzt er wieder am Computer. Dort ist er immer der King!«
> THERAPEUT: »Anscheinend kann er nur sehr schwer mit Schwierigkeiten und Misserfolgen umgehen.«
> ELTERN: »Sehr sogar! Sobald auch nur der geringste Widerstand entsteht, gibt er auf.«
> THERAPEUT: »Das kommt daher, dass Jungs von heute Schwierigkeiten als schlechtes Omen empfinden; als Zeichen, dass mit ihnen persönlich etwas nicht stimmt.«

Für viele Jungs ist Ungemach heute ein Vorbote von Gefahr, von etwas, das um jeden Preis zu vermeiden ist. Wir stellen uns Jungs tendenziell als hart vor, wenn es um den Umgang mit Problemen geht. Das war vielleicht früher so, aber heutzutage nehmen Jungs physische, emotionale oder schulische Schwierigkeiten als Bedrohungen wahr und sind nicht bereit, diesen ins Auge zu sehen.

> VATER: »Er jammert die ganze Zeit über, dass er zu Fuß zur Schule gehen muss. In seinem Alter legte ich die doppelte Entfernung zurück, und ich erinnere mich nicht, dass ich meine Eltern jemals gebeten hätte, mich zu fahren.«
> THERAPEUT: »Haben Sie ihn dazu erzogen, dass er mit Schwierigkeiten, mit Leiden umgehen kann?«
> VATER: »Sollten Eltern ihre Kinder nicht vor Leiden beschützen?«
> THERAPEUT: »Ja, natürlich, aber ihnen auch beibringen, wie man damit umgeht.«

Eine Reflexionsfrage Was tun Sie, um Ihrem Sohn beizubringen, wie man mit Widrigkeiten umgeht?

Wenn wir scheitern, Fehler machen oder verlieren, erleben wir die Emotion der Scham, ein Gefühl von Minderwertigkeit und eine Abnahme des Selbstwertgefühls. Wenn Scham reguliert wird, wirkt sich die Erfahrung dieses Gefühls, auch wenn es bestimmt alles andere als angenehm ist, nicht negativ auf unsere Selbstwahrnehmung aus. Dann sagen wir uns: »Manchmal gewinnst du, manchmal verlierst du« und betrachten die Situation als vorübergehend und korrigierbar. Jungs, die ihr Schamgefühl nur schwer regulieren können, erleben Scheitern viel intensiver, was sie zum Rückzug veranlasst und daran hindert, zu lernen, wie man sich angesichts von Widrigkeiten beharrlich weiter bemüht. Unter diesen Gegebenheiten ist es die Aufgabe der Eltern, ihre Söhne darauf vorzubereiten, wie sie mit solchen Erfahrungen umgehen können und sich nicht fluchtartig zurückziehen. Dadurch bringen sie ihren Kindern auch bei, wie die Emotion der Scham reguliert wird.

Die bei heutigen Jungs gesunkene Toleranzschwelle gegenüber Ungemach und Scheitern betrifft inzwischen ebenso körperliche Anstrengungen. Auch auf diesem Gebiet wählen viele Jungen den Weg der Vermeidung. Zuständigkeitsbereiche, die früher immer von Jungs besetzt wurden, zum Beispiel in die Welt hinausziehen, die Gefahr suchen, seinen Weg in unvertrautem Gelände finden, werden nicht mehr als solche wahrgenommen.

> LEHRER: »Es ist wirklich seltsam, aber jedes Jahr bleiben bei Schulausflügen immer mehr Jungs im Bus, statt dass sie aussteigen und mit dem Rest der Schülerschar wandern.«
> THERAPEUT: »Wie erklären Sie sich das?«
> LEHRER: »Sie jammern darüber, dass es zu heiß ist, dass sie schwitzen, dass es anstrengend ist.«
> THERAPEUT: »Also bleiben sie im Bus und spielen auf ihren Smartphones herum?«
> LEHRER: »Genau. Das treibt mich um. Was fehlt den Jungs denn nur?«

Jedes Jahr sind es mehr Jungen, die nicht mehr an den Jahresexkursionen teilnehmen. Ferner finden prozentual viele Gymnasialschüler es schwierig, aushäusig zu übernachten. Selbst wenn ein Junge von der Teilnahme an einer Reise überzeugt wurde, kann der Lehrer schon seine starke Angst kommen sehen und muss sich darauf einstellen, ihn zu beruhigen. Dasselbe spielt sich bei anderen Tätigkeiten ab, die üblicherweise den Übergang in das Erwachsenenleben darstellen: Sei es die Ausübung einer Tätigkeit im Rahmen eines freiwilligen sozialen Jahrs, die ersten Semester an einer Hochschule oder einer Universität oder der Beginn einer Ausbildung, viele junge Männer werden mit den Anforderungen nicht fertig und überstehen diese nur mit fortwährender Unterstützung seitens ihrer Eltern, Vorgesetzten, Ausbilder oder Professorinnen.

Jungen aller Altersstufen ziehen es heutzutage vor, Mannschaftsspiele wie Fußball und Basketball allein am Computer zu spielen. Denn auf dem realen Spielfeld lauern die vielfältigsten Unsicherheiten: Werden sie anderen Kindern begegnen? Wie werden diese Begegnungen aussehen? Werden sie gut oder schlecht spielen? Wird ihr Team gewinnen oder verlieren? Alle diese Fragen verursachen Ängste und lassen Jungs nur widerwillig nach draußen gehen. Selbst wenn ein Junge sich aufrafft, ins Freie zu gehen und zu spielen, läuft es meistens darauf hinaus, dass er zu Hause bleibt, weil draußen niemand zum Spielen ist.

> ELTERN: »Wir sagen zu ihm, er soll rausgehen und im Park spielen, aber ehrlich gesagt, dort sind keine Kinder.«
> THERAPEUT: »Ja, sogar Jungs, die nach draußen gehen möchten, bleiben am Ende in der Wohnung sitzen, weil sie niemanden zum Spielen haben.«
> ELTERN: »Also was soll das werden? Wird er immer nur zu Hause bleiben?«

Eltern, die das Problem ihres Sohnes im Umgang mit Misserfolgen erkennen, versuchen es oft mit Ermunterungen: »Schwierigkeiten gehören zum Leben«, »Es macht uns nichts aus, wenn dir etwas schief geht, Hauptsache, du versuchst es wieder«, »Es ist schon in Ordnung, wenn etwas misslingt. Aus Fehlern wird man klug« – Die Absichten der Eltern sind zwar lobenswert und alle ihre Aussagen stimmen, aber solche Sätze sind komplett ineffizient, sind nur leere Worte; sie gehen in ein Ohr hinein und zum anderen wieder raus.

Man kann sich natürlich fragen, warum Jungen, wenn sie bei Videospielen verlieren, diese Situation klaglos hinnehmen. Der Grund ist, dass Spieleentwickler viele Überlegungen darin investieren, Scheitern zu einer verlockenden Erfahrung zu machen (McGonigal, 2012). Im Folgenden sind einige Strategien aufgeführt, die sie anwenden:

- Scheitern wird zu einem interessanten Ereignis stilisiert, zum Beispiel durch einen eindrücklichen Ton und mit Farbeffekten, wenn der Spieler disqualifiziert wird.
- Der Gamer darf sich schnell von seinem Scheitern erholen, indem er ein neues Spiel beginnt.
- Der Spieler bekommt ein Gefühl von Kontrolle darüber, ob er gewinnt oder verliert.

Dagegen können Fehlschläge im realen Leben ziemlich deprimierend sein: kein Geräusch, kein Klingelton, keine grellen Farben. Da gibt es nur die bittere Wahrheit: Ich habe es nicht geschafft, dieses Mal jedenfalls – und eine zweite Chance kommt vielleicht erst nach langer Zeit. Wir sagen den Jungs: »Nimm es nicht allzu schwer: Du wirst dazulernen, und das nächste Mal schaffst du es!« Aber wann wird dieses nächste Mal sein? Und wer kann uns versichern, dass es das nächste Mal besser gehen wird?

Im realen Leben ist das Gefühl von Handlungsfähigkeit und Kontrolle meistens viel schwächer als in Videospielen, bei denen der Spieler ziemlich sicher sein kann, dass er mit der entsprechenden Anstrengung erfolgreich sein wird. Genau so sind Computerspiele angelegt, und genau dadurch macht man sie gerechter als das wirkliche Leben, in dem Einsatz nie Erfolg garantiert.

Die Angst vor der Langeweile

Wenn sich die Erfolglosigkeiten häufen, fahren Jungen bevorzugt Strategien der Vermeidung und des Rückzugs und machen diese in Extremsituationen sogar zu einer Daseinsform. Ein Junge, der den Kontakt zu sich selbst, seinen Gefühlen, zu seinen Mitmenschen und sonstigen wichtigen Aspekten der Wirklichkeit verliert, beraubt sich der Erfahrungen, die seine wahren Bedürfnisse deutlich machen. Gleichzeitig wird sein Leben leerer, monotoner und langweiliger.

> »Mir ist langweilig!«, jammert der Sohn.
> »Beschäftige dich mit dir selbst, geh Ball spielen!«, sagen seine Eltern.
> Der Junge geht raus, kickt den Ball hin und her, hat genug davon, und ein oder zwei Minuten später kommt er zurück und quengelt wieder: »Mir ist langweilig!«
> »Geh in deinem Zimmer spielen!«, sagen die Eltern zu ihm, dieses Mal ziemlich genervt.
> Der Junge geht in sein Zimmer, und plötzlich herrscht Stille. Die Eltern wollen herausfinden, was ihr Sohn so interessant findet, und gehen leise zu seinem Zimmer, öffnen die Tür und werfen einen Blick hinein. Um sicher zu sein, dass er dort ist – nun, wahrscheinlich kennen Sie das Ende der Geschichte.

Unsere Jungen haben sich, genau wie wir, inzwischen an einen unaufhörlichen Ansturm von Reizen gewöhnt. Infolgedessen wird es zunehmend schwierig, Aufmerksamkeit aufrecht zu erhalten, und eine Aktivität muss aufregend sein, um darauf konzentriert bleiben zu können. Beschäftigungen, die nur mäßig interessant sind, zum Beispiel Freunde treffen, finden Jungs heutzutage langweilig. Die attraktivsten Tätigkeiten in ihrem Leben sind Videospiele, die den Reiz anderer Freizeitbeschäftigungen ausgehöhlt haben.

> THERAPEUT: »Wie war das Basketballtraining?«
> JOSHUA (11 Jahre): »Langweilig.«
> THERAPEUT: »Was war langweilig?«
> JOSHUA: »Sie haben nichts Interessantes gemacht.«

Jungen sind sich der einfachen Wahrheit nicht bewusst, dass Aufregung das Produkt einer Begegnung externer Stimulation und interner Reaktionen ist, und erwarten, dass Interesse und Nervenkitzel ausschließlich von außen kommen.

Doch was Jungs besonders bedrohlich erscheint, ist Freizeit. Einfach zwanglos dazusitzen und nichts Besonders zu tun, einfach nur über etwas nachzudenken oder in den Tag hineinzuträumen, das wird tatsächlich inzwischen als die ultimative Zeitverschwendung gesehen. Warum ist das so? Weil genau diese Zeit mit Computerspielen hätte genutzt werden können. Viele Jungen werden von dem Gedanken gequält, dass überhaupt jegliche Art von Beschäftigung eine Verschwendung von kostbarer Zeit ist, die mit Videospielen gefüllt werden könnte. Die Eltern sehen das natürlich genau andersherum: Die echte Zeitverschwendung ist das Spielen am Computer.

Viele Eltern meinen, dass sie die Verantwortung dafür übernehmen müssten, wie ihr Sohn seine Freizeit ausfüllt. Die Jungs ihrerseits setzen ihre Eltern stark unter Druck, damit diese Lösungen für ihre Langeweile finden. Diese Dynamik hat sich mittlerweile in einem Maße gesteigert, dass es manchmal den Anschein hat, als ob die Eltern von heute eine neue Aufgabe übernommen hätten: ihren Kindern spannende Unterhaltung zu bieten. Anders ausgedrückt: Viele Jungen erwarten von ihren Eltern – und Lehrerinnen –, dass sie deren freie Zeit mit Spaß befüllen, und wenn sie nicht das bekommen, was sie wollen, fühlen sie sich ungerecht behandelt.

Der gelangweilte Junge beschuldigt häufig seine Eltern oder andere Autoritätspersonen, sie würden solchen Erwartungen nicht gerecht werden – schließlich sind diese Menschen ja dafür da, ihn so auszustatten, dass er sich für etwas interessiert:

> MUTTER: »Du machst überhaupt nichts als am Computer zu spielen.«
> DENNIS (15 Jahre): »Was willst du denn? Du unternimmst ja nichts mit mir!«
> MUTTER: »Also, du bist jetzt ein großer Junge ...«
> DENNIS: »Wenn du Vorschläge hast, werde ich sie mir gerne anhören; sonst – habe ich nichts zu tun.«

Das gleiche Muster beobachtet man im Therapieraum; auch hier erwarten Jungen, dass andere ihre Langeweile vertreiben:

> JAN (13 Jahre): »Mir ist langweilig.«
> THERAPEUT: »Unsere Sitzung könnte interessanter sein, wenn du

mir Fragen stellst und nicht einfach nur wartest, dass ich dich etwas frage.«

JAN: »Warum? Wie soll das helfen?

THERAPEUT: »Vielleicht ist es dann nicht mehr so langweilig. Du kannst das Gespräch auf Themen bringen, die dich interessieren.«

JAN: »Oh, ich weiß nicht ...«

THERAPEUT: »Es kommt mir so vor, als ob du dich an das Gefühl von Langeweile gewöhnt hast und tatsächlich nicht imstande bist, dein Leben interessanter zu machen.«

Langeweile ist ein Zustand, in dem es uns an interessanten Reizen fehlt; sie ist eine Emotion, die sich in unserem Geist einnistet, wenn darin keine anderen Emotionen vorhanden sind. Üblicherweise erlebt man Langeweile als eine Emotion, wenn die bevorstehende Herausforderung einen nicht genug in Anspruch nimmt. Doch die Langeweile, über die Jungs sich beklagen, ist größtenteils auf ihre Gleichgültigkeit, ihre emotionale Distanziertheit und fehlende Konfrontationen mit dem realen Leben zurückzuführen, die in faszinierende und sinnstiftende Begegnungen hätten münden können.

ELTERN: »Wir möchten, dass er sich für etwas, für irgendetwas interessiert! Wir versuchen, ihm zu helfen, dass er sich für etwas begeistert – das heißt, für etwas anderes als nur den Computer.

THERAPEUT: »Doch Interesse und Neugier können nicht nur von Ihnen kommen, das muss von ihm selbst ausgehen.«

ELTERN: »Natürlich, aber wie kann er Interesse an etwas entwickeln?«

THERAPEUT: »Im Moment ist er von seinem eigenen Selbst so abgekoppelt, dass er keine Ahnung hat, was ihn interessieren könnte. Als Erstes werden wir ihm helfen, dass er in Kontakt zu sich selbst kommt, zu seinen Wünschen, und dann besteht eine gute Chance, dass er Interesse an etwas findet.«

Interesse entsteht, wenn wir mit neugierigen Augen auf uns schauen können und uns die Entdeckung des eigenen Selbst zutrauen. In dem Raum, den Kinder oft als Langeweile bezeichnen, gibt es nicht die Möglichkeit, die Begegnung mit sich selbst zu erfahren. Bei der Meditation beispielsweise wird die Stille wohlbedacht in einen bewussten Akt der Selbstbeobachtung verwandelt. Wir wissen, dass Meditation bei der Regulierung von Emotionen hilfreich sein kann. Diese Wirkung ist darauf zurückzuführen, dass wir Zugang zu unseren Gedanken und Emotionen erlangen und währenddessen Geduld und Ausdauer ihnen gegenüber entwickeln.

Viele Jungs klagen über Langeweile, weil sie sich selbst für langweilig halten. Bis zu einem gewissen Grad haben sie recht: Je mehr ein Mensch von seinem Selbst entfremdet ist, desto weniger kann er seinen inneren Reichtum wahrnehmen, der eine potenzielle Quelle für die Entwicklung von Interessen ist. Demzufolge wäre es eine konstruktive Art der Bewältigung von Langeweile, dass man die eigene Person als interessant betrachtet, was wiederum die Beschäftigung mit und den Kontakt zu sich selbst voraussetzt. Doch für Jungs sind diese Bestrebungen von Anfang an zum Scheitern verurteilt, weil sie jedes Mal, wenn sie sich langweilen, Zuflucht am Bildschirm suchen, wodurch sich die fehlende Verbindung zu sich selbst nur noch intensiviert und zu mehr Langeweile führt.

Jungen sind so sehr damit beschäftigt, die Computerwelt zu erkunden, dass sie keine Zeit für eine Pause haben, nicht einmal für einen Moment, um auf ihr Leben zu schauen, um darüber nachzudenken, was für sie wichtig ist und was nicht. Jede freie Minute ihrer Zeit muss mit Aktivitäten am Bildschirm ausgefüllt sein in dem Bemühen, der Langeweile zu entkommen. Diese Angst vor der Langeweile gibt den Jungs wiederum zu verstehen, dass der Austausch mit sich selbst etwas Schlechtes ist. Auf diese Weise lernen sie wirksam, wie sie das Bewusstwerden von Emotionen, Gefühlen und Gedanken verhindern können. Das Ergebnis ist, dass die gewohnheitsmäßige Flucht vor der Langeweile den Jungen nicht nur zum Computer zurücktreibt, sondern auch eine Fülle anderer ungesunder eskapistischer Verhaltensweisen hervorbringt:

THERAPEUT: »Weshalb trinkst du so viel Alkohol?«
FINN (16 Jahre): »Weil in dieser Stadt nichts los ist, alles ist so langweilig.«

Da immer mehr Freizeitbeschäftigungen »sich langweilig gestalten«, sehen sich Jungs in ihrem Bemühen, Zugang zu anderen Menschen zu finden, gezwungen, diese um klassische Lösungen gegen Langeweile zu ergänzen, zum Beispiel um Videospiele, Alkohol- oder Cannabiskonsum. Jungen müssen den Kontakt zu sich und anderen spüren, aber sie wissen nicht, wie sie dieses Ziel ohne »Krücken« erreichen können. Und wenn die Eltern ihren Sohn nicht am Computer spielen, ihn Alkohol trinken oder Cannabis rauchen lassen, dann besteht die Wahrscheinlichkeit, dass er soziale Begegnungen überhaupt abschreibt und lieber allein zu Hause bleibt.

Die Eltern, die dieses Problem erkennen, versuchen ihrem Sohn oft dadurch zu helfen, dass sie ihn zu diversen außerschulischen Aktivitäten anmelden, in der Hoffnung, ihn so dem Teufelskreis der Langeweile entreißen zu können. Dadurch, dass solche Eltern die freie Zeit ihres Jungen mit Terminen überfrachten, ernten sie viel Kritik, aber aus meiner Sicht ist das ein konstruktiver Ansatz. Abgesehen davon bin ich der Ansicht, dass das Bemühen der Eltern auch direkt darauf gerichtet sein sollte, dass sie ihrem Sohn die Eigenart der Langeweile und die für ihn darin schlummernden kreativen Möglichkeiten verstehen helfen. Dies kann dadurch erreicht werden, dass »konstruktive« Erfahrungen von Langeweile befördert werden, das heißt eine Strategie gefahren wird, die auf dem Paradoxon der Selbstentdeckung basiert, die ihrerseits die Lösung für Langeweile ist und sich oftmals in Situationen der Langeweile einstellt:

> ELTERN: »Wir sagten ihm, dass er beim Autofahren nicht auf seinem Smartphone herumspielen, sondern einfach seine Gedanken wandern lassen soll.«
> THERAPEUT: »Und wie hat er reagiert?«
> ELTERN: »Zuerst hat er gejammert, aber dann hat er sich beruhigt und ist nachdenklich geworden.«
> THERAPEUT: »Eine Aufgabe der Eltern von heute ist es, ihren Söhnen zu helfen, in Kontakt mit sich selbst zu kommen und keine Angst davor zu haben, mit sich selbst im Gespräch zu sein. Großartige Aufgabe!«

Reflexionsfragen Können Sie sich daran erinnern, dass Ihnen langweilig war? Waren solche Erfahrungen jemals konstruktiv? Wie kam das?

Von der Krise zu Kontakten und innerem Wachstum gelangen

Die Jungen von heute stehen unter dem Einfluss unserer technologiegesättigten Welt und sehen sich hohen kulturellen Erwartungen gegenüber. Die Resultate sind bei Jungen aller Altersstufen von der Grundschule an bis ins junge Erwachsenenalter (bis in die Zwanziger und Dreißiger) zu beobachten und beziehen sich auf Phänomene wie Selbstentfremdung, Rückzug aus dem Sozialleben, Probleme bei der Bewältigung von alltäglichen Herausforderungen, Langeweile und Motivationsabnahme.

Jungs brauchen den Kontakt zu sich und anderen Menschen – genau aus diesem Grund verbringen so viele ihre gesamte Freizeit am Bildschirm. Diese Art von Verbindung hat allerdings einen hohen Preis. Ein starkes und stabiles Selbstwertgefühl hat seine Wurzeln in echten und gesunden Beziehungen zu anderen und zu sich selbst. Solche Beziehungen begünstigen die Lebenskraft, die Motivation zum Arbeiten, emotionale Resilienz und das Mitgefühl gegenüber sich selbst – auch angesichts von Misserfolgen.

Damit Jungen solche gesunden Beziehungen entwickeln und verfeinern können, brauchen sie unsere Hilfe. Selbst wenn sie vordergründig zufrieden sind, wenn ihnen ihre Isoliertheit anscheinend nichts ausmacht, wenn sie keinen Wunsch oder keine Motivation zur Veränderung bekunden, brauchen sie uns, die Erwachsenen, damit wir ihnen den Festungswall überwinden helfen, den sie um sich herum gezogen haben, und die Mauer durchbrechen können, die sie errichtet haben, um mit dem Gefühl zurecht zu kommen, dass sie weder einen Ort noch eine Bedeutung in dieser Welt hätten und niemals etwas erreichen könnten. Fangen wir jetzt damit an, ihnen zu helfen, indem wir ihnen eine Stimme geben.

Wie man mit Jungs spricht

> THERAPEUT: »Wie geht's? Wie war die Woche?«
> PAUL (10 Jahre): »Ganz in Ordnung.«
> THERAPEUT: »Hat etwas deine Aufmerksamkeit geweckt?«
> PAUL: »Nein.«
> THERAPEUT: »Wie war die Schule?«
> PAUL: »Gut.«

Jungen waren noch nie besonders mitteilsam, nicht einmal zu Zeiten, als es noch keine Computer gab. Sie mochten es noch nie, über sich selbst – über ihre Probleme, Gefühle, Gedanken oder Beziehungen – zu sprechen. Psychologinnen, die mit Jungen therapeutisch arbeiten, haben dies allmählich erkannt und bemühen sich seit geraumer Zeit zu verstehen, weshalb Jungs nur begrenzt in der Lage sind, von emotionaler Sprache Gebrauch zu machen. Genau das trifft ein, so eine gängige Erklärung kultureller Art, wenn ein Junge in einer Kultur groß wird, in der es ein Zeichen von Schwäche ist, wenn Gefühle ausgedrückt werden, was unvereinbar mit dem Männlichkeitsentwurf ist, hart und stark und schweigsam zu sein (Pollack, 2009). Entsprechend, so die Argumentation, lernen Jungs von frühen Jahren an, dass der Ausdruck von Gefühlen Tabu ist und dass sie mit ihren emotionalen Schwierigkeiten allein zurechtkommen müssen. Dieses Verbot hinterlässt bei ihnen ein begrenztes Verhaltensrepertoire: entweder Wut und Aggression oder Vermeidung und Schweigen – Reaktionen, die mit dem weit verbreiteten Bild eines Mannes in Einklang stehen. Durch solche Verhaltensweisen gewinnt ein Junge allerdings wenig Empathie oder Verständnis, sie geben eher Anlass zur Verhängung disziplinarischer Maßnahmen (Garbarino, 1999).

Diesem Ansatz zufolge liegt das Problem der Jungen teilweise bei deren Vätern, die selbst die Sprache der Emotionen nicht fließend sprechen und tendenziell den Ausweg in Wut und Vermeidung suchen. Jungs identifizieren sich mit ihren Vätern und internalisieren solche Verhaltensweisen, agieren sie schließlich aus und werden dem Vater ähnlich.

Doch die jetzige Generation von Jungs passt nicht ganz in dieses Raster, da viele von ihnen Väter haben, die emotional differenziert sind, gute Beziehungs- und Kommunikationsfähigkeiten aufweisen und Wärme und Empathie zum Ausdruck bringen können (Haen, 2011). Außerdem sind die meisten Väter, verglichen mit früheren Generationen, heute weitaus mehr in das Leben ihrer Söhne eingebunden.

VATER: »Ich wünsche, ich hätte einen Vater gehabt wie einer, den ich für meinen Sohn zu sein versuche.«
THERAPEUT: »Wie unterscheiden Sie sich von Ihrem Vater?«
VATER: »Ich bin wirklich für ihn da, ich will alles wissen, was mit ihm los ist, und ich lasse ihn an meinen Gefühlen offen teilhaben.«
THERAPEUT: »Bei einem Vater wie Sie würde man erwarten, dass Ihr Sohn offener ist, mitteilsamer, kooperativer …«
VATER: »Genau das dachte ich auch. Warum, glauben Sie, ist er so verschlossen?«

Heute wird den meisten Jungen Zärtlichkeit, Akzeptanz und Verständnis von ihrer unmittelbaren Umgebung und besonders von ihren Eltern entgegengebracht, die sich sehr darum bemühen, das emotionale Vokabular ihrer Söhne auszubilden. Tatsache ist, dass aus einer guten Absicht heraus die Eltern (und andere wichtige Erwachsene) manchmal zu viel Druck auf Jungs ausüben, dass sie sich artikulieren und ihren Gefühlen Ausdruck verleihen sollen, was letztlich zu neuen Problemlagen führt:

ELTERN: »Er spricht überhaupt nicht!«
THERAPEUT: »Die meisten Jungen, auch die schweigsamsten, lernen, irgendwann zu reden.«
ELTERN: »Aber er ist derjenige, der dadurch verletzt wird.«
THERAPEUT: »Wir werden versuchen, es ihm leichter zu machen, aber wir beschuldigen ihn nicht für sein Schweigen.«

Eine Reflexionsfrage Wie reagieren Sie, wenn Ihr Sohn still ist und nicht viel sagt?

Möglicherweise hat unsere Gesellschaft ihre Einstellung geändert: Früher machte man es Jungen schwer, sich zu äußern, aber jetzt macht man es ihnen schwer, wenn sie nichts sagen. Das Schweigen der Jungs alarmiert uns: Wir sehen es als Zeichen eines emotionalen Problems. Auch wenn Jungen Erwachsene darum bitten, sie in Ruhe zu lassen, beharren viele Eltern, manchmal sogar mit Nachdruck, auf einem Dialog mit ihrem Sohn aus Angst, dass »nicht sprechen« ihm Schaden zufügen könnte.

Das Schweigen akzeptieren

Um mit Jungen nachhaltig ins Gespräch zu kommen, müssen wir akzeptieren, dass sie vielleicht schweigsam bleiben möchten, und sie nicht dafür an den Pranger stellen.

> THERAPEUT (in der ersten Sitzung): »Mir ist wichtig, dass du weißt, dass du hier nicht reden musst – du darfst dir deswegen keine Sorgen machen.«
> JONAS (13 Jahre): »Wie meinen Sie das?«
> THERAPEUT: »Ich meine, es ist mir recht, wenn du reden möchtest, aber wenn dir nicht nach Reden ist, ist mir das auch recht ...«

Auch wenn sich Jungen anscheinend damit zufrieden geben zu schweigen, würden viele von ihnen lieber reden – wenn das nur nicht so viel Mühe kosten würde. Einige Jungs erleben ihr Schweigen als eine Art Paralyse oder als Scheitern. Wir würden erwarten, dass solche Gefühle sie zum Sprechen bringen würden, aber da das Reden so schwierig ist, stellt keine Option sie einigermaßen zufrieden. Die Folge ist kompletter Stillstand.

Eine respektvolle Haltung gegenüber dem Schweigen widerspricht keineswegs der Vorstellung, dass die Eltern ihren Söhnen dabei helfen können und sollten, auf der Basis eines umfassenderen emotionalen Vokabulars kommunikative Fertigkeiten zu entwickeln:

THERAPEUT: »Wie war das für dich, als du mit deinen Freunden nicht reden konntest?«
FELIX (15 Jahre): (schweigt)
THERAPEUT: »Ich bin erstaunt, dass du nichts sagst: A) weil du nicht genau weißt, wie du dich damals gefühlt hast; B) weil du jetzt nicht darüber sprechen möchtest; oder C) aus einem ganz anderen Grund?«
FELIX: »Alle von ihnen: A, B und C ...«

Wir wissen von der Möglichkeit, mit Kindern zu kooperieren, indem wir ihnen eine Wahl zwischen verschiedenen Optionen anbieten, beispielsweise: »Möchtest du deine Hausaufgaben in Geschichte oder in Englisch machen?« Diese Strategie ist effizient, weil sie dem Kind das Gefühl von Kontrolle und Autonomie gibt. Auf ähnliche Weise vermitteln wir Jungs, wenn wir ihnen verschiedene Optionen zur Beschreibung ihrer Gefühle anbieten, subtil die Botschaft, dass ihre Gefühle logisch und natürlich sind, was ihnen hilft, sich stärker ins Gespräch einbringen zu können:

MUTTER: »Bist du zornig auf Papa?«
SOHN: (schweigt)
MUTTER: »Weshalb bist du zornig auf ihn?«
SOHN: »Weiß nicht.«
MUTTER: »Bist du zornig auf ihn, A) weil er deinem Computer den Stecker gezogen hat; B) weil er dich angeschrien hat; oder C) aus einem anderen Grund?«
SOHN: »Ich sagte ihm, dass ich sofort mit dem Spielen aufhöre! Es kümmert ihn nie, was ich gerade mache! Alles, was ihm einfällt, ist, meinem Computer den Stecker zu ziehen!«
MUTTER: »Das ist wirklich ärgerlich, dass dein Computer mitten im Spiel abgeschaltet wird.«
SOHN: »Ich weiß, dass ich zu viel spiele, aber er hätte noch ein paar Minuten warten können ...«

Praktischer Tipp: Eine Multiple-Choice-Frage

Wollen Sie Ihrem Sohn helfen, seinen Gefühlszustand zu beschreiben, machen Sie ihm Vorschläge wie: »Hast du Angst, bist du wütend, oder hast du etwas ganz anderes?«

Wenn mehrere Wahlmöglichkeiten vorhanden sind, kann er leichter die Emotion erkennen, die er gerade erlebt, und im Laufe der Zeit die Fähigkeit entwickeln, sich auszudrücken.

Jungen sind schweigsam, wissen aber nicht, warum. Erwachsene deuten diese Funkstillen manchmal als Unwillen, zu kooperieren oder als Unlust, zu interagieren. Doch oft ist das überhaupt keine Frage der Wahl. Schweigen kann sogar ein ganzes Spektrum an Schwierigkeiten offenbaren, und zwar unabhängig davon, ob der Junge kooperationswillig ist oder nicht[1].

Wir sehen das Sprechen tendenziell als einen leichten, fast mühelosen Akt, aber in der Praxis verlangt es sprachliche und emotionale Fähigkeiten. Die meisten Jungen verfügen über erstere, nicht aber über letztere. Darüber sind ihre Eltern und auch andere Erwachsene verwirrt: »Er weiß doch, wie man sehr gut spricht, wenn er das will.«

Das Vermögen und die Bereitschaft von Jungs, sich sprachlich zum Ausdruck zu bringen, sind in keiner Weise stabil; beide Dispositionen kommen und gehen tatsächlich, wie es der emotionale Zustand gerade erlaubt. Doch weder die Erwachsenen noch die Jungen selbst können die Situation unter diesem Aspekt mit einem vernünftigen Maß an Genauigkeit einschätzen.

> THERAPEUT: »Ich könnte eventuell etwas gesagt haben, das Unbehagen in dir ausgelöst hat. Es tut mir leid, dass ich ein solches Gefühl bei dir verursacht habe. Können wir weiterreden? Ist das für dich in Ordnung?«
> JULIAN (10 Jahre): »Schon gut.«

---

1 Die Fähigkeit zu sprechen hängt natürlich auch von der Sprachkompetenz eines Jungen ab. Jungs, die unter objektiven Schwierigkeiten leiden (als Folge von Kommunikationsstörungen, Sprachstörungen usw.), fällt das Sprechen schwer, und oft ziehen sie es vor zu schweigen.

Im Zweifelsfall überprüft man am besten die Sache.

Weil Jungen das Sprechen nicht leichtfällt, sind sie in großer Versuchung, sich hinter ihrem Schweigen zu verstecken, was wiederum ihre Gefühle von Einsamkeit und Kummer und Schmerz verstärkt. Die natürliche Reaktion in einer solchen Situation ist es, zu versuchen, zu dem Jungen durchzudringen und ihn aus dieser Festung des Schweigens zu retten. Doch derlei Rettungsversuche können insofern in die Irre führen, als sie die Motivation des Jungen zu sprechen sabotieren oder ihre Verschlossenheit sogar noch vertiefen können. Wichtig ist es, Zugang zu ihm zu finden, und dann wird der Junge – solange kein Druck ausgeübt oder Zwang angewendet wird – unser Bemühen, mit ihm ins Gespräch zu kommen, in einem positiven Licht sehen.

Der Verlust der Stimme

Um mit uns selbst und anderen aufrichtig sprechen zu können, müssen wir uns zuerst die Erlaubnis zum Sprechen geben. Zu dem psychologischen Mechanismus, der dafür zuständig ist, persönliche Informationen offenzulegen oder zu verschleiern, gehört die Emotion der Scham; wenn also eine schamauslösende Dynamik aktiviert wird, wollen wir uns nicht nur vor der Welt verstecken, sondern auch vor uns selbst (Kaufman, 1992).

Was verstecken wir? Gefühle, Gedanken und Bedürfnisse, die uns vielleicht als schwach, unterlegen oder fehlerhaft dastehen lassen? Durch das Verstecken verlieren wir den Kontakt zu verschiedenen Teilen unseres Selbst in einem Prozess, den ich »den Verlust der Stimme« nenne. Wenn Jungen ihre Stimme verlieren, können sie ihre Gefühle anderen oder auch sich selbst gegenüber nicht mehr ausdrücken. Sie entfremden sich von der Welt. Eine solche Abkoppelung[2] findet auf mehreren Ebenen statt (Weinblatt, 2018).

---

2 Im Englischen wird das Wort *disconnection* verwendet, dass auch mit Abtrennung oder einer Konstruktion mit »nicht in Kontakt kommen« übersetzt werden kann. Aus Gründen der Stringenz wird im Weiteren *disconnection* mit Abkoppelung übersetzt.

- Der Junge weiß, wie er sich fühlt, und will das anderen mitteilen, weiß aber nicht, wie er das tun soll.
- Der Junge weiß, wie er sich fühlt, und kann das ausdrücken, will das aber nicht.
- Der Junge weiß nicht, wie er sich fühlt, und er will das auch nicht wissen. Er vermeidet die Sicht nach innen um jeden Preis.
- Der Junge weiß nicht, wie er sich fühlt, und wenn er sagt: »Ich weiß das nicht«, weiß er das wirklich nicht. Er kann seine Gefühle nicht zum Ausdruck bringen, weil sie in seinem Kopf nicht in Wörter übersetzt worden sind.

Wenn Jungen ihre Stimme verlieren, sind sie nicht mehr imstande, selbst das brennendste und dringendste Gefühl zu artikulieren. Der Verlust der Stimme ist kein bewusster Prozess; tatsächlich sind sich weder der Junge selbst noch die Menschen in seinem Umfeld bewusst, dass er an einem entscheidenden Punkt seine Kommunikationsfähigkeit verloren hat. Stattdessen missverstehen alle – auch der Junge – das Geschehen als eine bewusste Wahl: Er könnte sprechen, wenn er wollte, aber er weigert sich. Wenn ein Junge sagt: »Ich habe keine Lust, darüber zu sprechen« oder: »Ich weiß nicht«, dann sagt er konkret: »Ich kann nicht darüber sprechen.« Erwachsene deuten solche Worte aber oft als Mangel an Einfühlsamkeit oder als Feindseligkeit. Uns allen ist es schon mal passiert, dass man verzweifelt versucht, ein Gespräch mit einem Kind, einem Teenager oder einem jungen Mann zu führen, und auf alle Fragen nur ein minimalistisches »In Ordnung«, »Gut« oder »Weiß nicht« zur Antwort bekommt. Jungs lassen andere einfach nicht an ihren Problemen oder Zwangslagen teilhaben; sie meiden entschlossen jegliches sinnvolle Gespräch:

ELTERN: »Willst du mit uns zur Oma kommen?«
SOHN: »Weiß nicht.«
ELTERN: »Willst du, dass wir deinen Cousin zu uns einladen?«
SOHN: »Weiß nicht.«
ELTERN: »Willst du etwas essen, bevor wir gehen?«
SOHN: »Weiß nicht.«
ELTERN: »*Was* weißt du denn eigentlich?«
SOHN: »Ich weiß nicht!«

Das gut bekannte »Weiß nicht« verursacht oft Frustration und provoziert Wutreaktionen, weil es aus Sicht eines Erwachsenen willentliche Renitenz signalisiert. Im Grunde zeigt es, dass der Junge von seinem Wollen und Wünschen abgekoppelt ist, dass er nicht kommuniziert – und das nicht nur mit anderen Menschen, sondern mit sich selbst auch nicht. Videospiele können diese Dynamik in einem Maß verschlimmern, dass der Junge sich sogar nicht einmal mehr seiner Grundbedürfnisse bewusst ist:

> ELTERN: »Er spielte am Computer und vergaß, zur Toilette zu gehen, und pinkelte in die Hose.«
> THERAPEUT: »Wann hat er vor diesem Ereignis das letzte Mal in die Hose gepinkelt?«
> ELTERN: »Als er drei Jahre alt war. Wer hätte gedacht, dass wir das zehn Jahre später noch einmal erleben müssen!«

Eine solche Selbstentfremdung reicht bis ins Erwachsenenalter hinein und hat besonders verheerende Auswirkungen. Wenn ein Achtjähriger oder auch ein 15 Jahre alter Junge nicht weiß, was er will, ist das noch keine große Sache; aber bei einem 25- oder 30-jährigen Mann deutet das auf ein Problem hin, das weitreichende Konsequenzen haben könnte:

> ELTERN: »Wie wäre es, wenn du anfängst, dich auf die Aufnahmeprüfungen vorzubereiten?«
> STEFAN (25 Jahre): »Wozu?«
> ELTERN: »Damit du auf die Universität gehen kannst.«
> STEFAN: »Wieso brauche ich irgendeine Aufnahmeprüfung, wo ich doch noch nicht weiß, was ich eigentlich lernen möchte?«

Manchmal verschleiert das »Weiß nicht« die Schwierigkeit des Jungen zuzugeben, was er tatsächlich will. Diese Art der Einstellung hat einen verborgenen Vorteil: Wenn wir uns nicht auf ein Ziel festlegen, ist die Wahrscheinlichkeit, von sich selbst enttäuscht zu sein oder andere Menschen zu enttäuschen, auf ein Minimum reduziert. Ohne verbindliche Aussage oder Verantwortung ist die Gefahr des Scheiterns aber alles andere als beseitigt. Im Grund genommen ist demnach ein Leben der Selbstentfremdung auf den Wunsch zurückzuführen, Erwartungen zu unterlaufen und folglich auch Enttäuschungen zu entgehen. Bis zu einem gewissen Grad verleiht ein solches Leben zwar Friede und ein Gefühl von Sicherheit, aber es ist auch leer und letztlich nicht authentisch.

Wenn Scham im Schatten lauert

Verliert ein Junge seine Stimme, äußert sich das oft in Schweigen, kann sich paradoxerweise aber auch dadurch manifestieren, dass er Aufruhr verursacht: Geschrei, Vorwürfe, Wutanfälle und Demütigung anderer Menschen. Aber wie das Schweigen so verschlingen auch diese lauten und geräuschvollen Verhaltensweisen wirksam die wahre Stimme des Jungen. Jungs, die Unterlegenheit und Scham tendenziell dadurch bewältigen auszurasten, stellen die Eltern vor eine besondere Herausforderung und geben ihnen das Gefühl, dass alles, was sie sagen oder tun, einen wütenden Ausbruch hervorruft.

> Eltern: »Wie war es heute in der Schule?«
> Jacob (14 Jahre): »Habt ihr noch andere blöde Fragen auf Lager?«

Wie kann eine so banale Frage wie diese eine so extreme Reaktion hervorrufen? Klar, die Eltern haben es gut gemeint; sie wollten nur ihr Interesse bekunden. Aber bei ihrem Sohn hat diese harmlose Frage einen empfindlichen Nerv getroffen und das Gefühl ausgelöst, ausgesetzt, verwundbar und schwach zu sein. Könnte der Junge sein echtes Erleben zum Ausdruck bringen, würde er etwas im folgenden Sinn sagen: »Diese Frage macht mich wütend, weil ich weiß, dass ihr wisst, dass die Schule für mich ein heikles Thema ist und mir ein schlechtes Gewissen macht. Ich weiß, dass ihr euch Sorgen macht und wissen wollt, was in meinem Leben los ist, aber diese Frage hat genau das Gegenteil bewirkt: dass ihr mich verletzen wolltet. Vielleicht hätte eine andere Frage den Kern der Sache mehr getroffen.«

Selbstverständlich wäre ein durchschnittlicher Junge niemals imstande, solche Worte zu artikulieren. Übrig bleibt dann nur noch, entweder still zu sein oder Vergeltung zu üben. Schweigen funktioniert durch Selbstentfremdung, während Aggression aus der Übertragung der unerwünschten Gefühle auf die Eltern erwächst. Folglich übermittelt der Ausbruch des Sohnes gegen seine Eltern oft die Botschaft: »Ich hätte gerne, dass ihr das fühlt, was ich empfinde!« Und wenn der Junge sicher ist, dass die Eltern die ihm zugefügte Verletzung spüren, ist er zufrieden: Die Botschaft ist angekommen.

Die Aggression von Jungs ist noch auf einen anderen Effekt der Scham zurückzuführen: auf Kummer und Schmerz. Studien, in der die Gehirnaktivität beim Schamerleben untersucht wurde, haben einen direkten Zusammenhang zwischen Schamerfahrung und Schmerzbahnen zum Gehirn festgestellt (MacDonald u. Leary, 2005). Demnach führt Scham tatsächlich zur Verletzung, und wenn der Schmerz auftritt, reagieren Jungen aggressiv – ähnlich einer Person, die physisch verletzt worden ist.

Mit emotionalem Leiden verbundene Sprachbilder sind in physischen Termini gestaltet. Wenn jemand beispielsweise beleidigt wird, sagen wir: »Du hast mir weh getan« oder: »Du hast meine Gefühle verletzt.« Jungs verwenden solche Worte tendenziell nur gelegentlich, sodass sie sich und andere nicht wissen lassen müssen, dass ihnen eigentlich etwas weh tut. Oder vielleicht würden sie sich besser selbst nicht zugestehen, dass sie Schmerzen empfinden:

THERAPEUT: »Hat es dir weh getan, was deine Eltern gesagt haben?«
JACOB: »Es hat mich nicht verletzt, machte mich einfach nur wütend.

Da Jacob seine tatsächliche Gefühlslage nicht zugeben kann, lässt er seine Eltern im Unklaren darüber, dass ihre Worte ihm Schmerzen zugefügt haben könnten, und am Ende sind sie über seinen rüpelhaften Ausbruch komplett verwirrt. In solch einem Fall würde man normalerweise zurückschlagen oder sich voller Verachtung abwenden wollen. Eine konstruktivere Perspektive auf ein solches Verhalten wäre aber die, es als Signal zu sehen, dass der Junge sich gerade schämt und den Verlust seiner Stimme erlebt – das bedeutet, dass er vorübergehend nicht imstande ist, mit seinen Eltern zu kooperieren oder sich erfolgreich und respektvoll mit ihnen auszutauschen. In solchen Momenten brauchen Jungs eher eine Rückversicherung als Lektionen oder Bestrafungen:

THERAPEUT: »Als Sie das Thema Schule ansprachen, konnte er sich nicht mehr vernünftig mit Ihnen unterhalten.«
ELTERN: »Was schlagen Sie also vor – nicht mit ihm darüber sprechen?«
THERAPEUT: »Gespräche sind wichtig, aber Sie müssen sich bewusst sein, dass sie schmerzhaft sein können. Was Ihnen wie eine einfache Unterhaltung vorkommt, ist für Ihren Sohn eine sehr komplexe Tortur.«
ELTERN: »Was können wir also tun?«

Gefahr droht: das Gespräch!

Da die meisten Jungen nicht über sich sprechen möchten, können alle Versuche, sie in ein Gespräch zu verwickeln, zu Frustration, Gefühlen der Hilflosigkeit und Verzweiflung führen:

ELTERN: »Wir merken, dass ihn etwas plagt, aber er lässt niemanden in seine Welt hinein.«
THERAPEUT: »Sie haben offenbar versucht, mit ihm ins Gespräch zu kommen. Wie?«
ELTERN: »Wir haben alles versucht! Das Kind will einfach nicht mit uns reden.«

Um voll und ganz verstehen zu können, weshalb das Reden für Jungen so schwierig ist, müssen wir zuerst anerkennen, dass ein Gespräch für sie nach Gefahr klingt. Ja, ein Gespräch ist nicht nur schwierig, sondern kann auch gefährlich sein. Wie kommt das? Weil eine Unterhaltung plötzlich Scham hervorrufen kann – vor allem dann, aber nicht ausschließlich, wenn das Thema heikel ist.

Warum Scham? Erstens erzeugen Gespräche Emotionen – und können Jungen dazu bringen, sich traurig, wütend oder verängstigt zu fühlen. Viele Jungs schämen sich allein schon deshalb, weil sie solche Emotionen verspüren. Sie fühlen sich ausgesetzt, anfällig und verwundbar, sodass der Selbstschutz ihr dringlichstes Anliegen wird. Zweitens werden Jungen durch viele Gespräche daran erinnert, dass sie gescheitert sind und die Erwartungen anderer Menschen und die eigenen nicht erfüllt haben. Diese Dynamik gibt ihnen wiederum das Gefühl, dass sie irgendwie fehlerbehaftet und wertlos sind. Die Konsequenz ist eine heillose Misere.

ELTERN: »Wir möchten mit dir darüber sprechen, wie es so in der Schule läuft.«
LEON (12 Jahre): »In Ordnung.«
ELTERN: »Deine Noten sind schlecht. Wie kannst du besser werden, was denkst du?«
LEON: »Es reicht! Lasst mich in Ruhe! Ich möchte nicht darüber sprechen!«

Scheitern ist etwas, wofür man sich schämt. Wenn Eltern mit ihrem Sohn über ein Missgeschick sprechen möchten – sei es, dass er etwas falsch gemacht hat, seien es schlechte Noten oder inakzeptable Verhaltensweisen anderen Menschen gegenüber –, dann bewegt sich das Gespräch – aus Sicht des Jungen – rasch weg vom ursprünglichen Thema und wird zu einer Herausforderung, heftiges Schamerleben zu verarbeiten. Insofern als Scham die Fähigkeit des Jungen, in der Unterhaltung zu kooperieren, beeinträchtigt, wird deren Fokus oft auf sein Unvermögen, respektvoll zu interagieren, verschoben.

Jungen wissen natürlich nicht und können auch nicht artikulieren, wie sich ihr Schamerleben auf das Gespräch auswirkt. Sie können beispielsweise nicht sagen: »Im Moment rede ich wohlweislich nicht zu viel, weil ich fürchte, ich könnte außerordentlich verletzbar werden, und das könnte mich später wütend machen auf mich oder auf euch.« Sie rühren aber unbewusst an der Quintessenz: Sprechen ist gefährlich, und die Kosten könnten hoch sein. Dementsprechend verzichten viele Jungen gänzlich auf Gespräche und versuchen, mit ihren Problemen allein zurecht zu kommen.

Sich schämen oder nicht schämen? Das ist hier die Frage

In Gesprächen können Jungen außerordentlich sensibel sein. Folglich ist man immer mit dem Dilemma konfrontiert, ob man ein Gespräch beginnen soll, auch wenn das einen empfindlichen Nerv treffen und Scham auslösen könnte, oder ob man auf die Unterhaltung verzichten und dadurch dieses Risiko vermeiden sollte, aber den Jungen der viel benötigten Hilfe berauben würde, damit er sich aus der emotionalen Sackgasse befreien kann. Eine gute Entscheidung hängt hier davon ab, welches Maß an Schamerleben der Junge aushalten kann, und mithin auch davon, dass man diese Fähigkeit korrekt einschätzt. Für einen hochsensiblen Jungen wäre ein kurzes und neutrales Gespräch wahrscheinlich optimal. Wenn das Niveau der Schamtoleranz des Jungen steigt, können wir einen längeren und emotional komplexeren Dialog ausprobieren.

An diesem Punkt muss noch einmal darauf hingewiesen werden, dass Scham nicht bloß »Bestrafung« ist, sondern tatsächlich eine wichtige Emotion, die zu einem erfolgreichen und sinnvollen Leben dazugehört. Zu den Funktionen von Scham zählen die folgenden Aspekte:

- Förderung prosozialer Verhaltensweisen: Scham ist im Wesentlichen eine moralische Emotion, die auftritt, wenn wir auf eine Weise handeln, die wir als unethisch empfinden, sodass wir zu positiveren Verhaltensweisen geleitet werden.
- Entwicklung von Motivation und Selbstmotivation: Scham signalisiert uns, dass wir uns gerade in eine falsche Richtung bewegen, und veranlasst uns deshalb, den Kurs zu überdenken und zu ändern. Anders ausgedrückt: Sie zeigt an, dass wir weit von den Zielen entfernt sind, die wir uns gesetzt haben, und drängt uns, an der Realisierung dieser Ziele zu arbeiten.
- Regulierung des Lebens einer Gruppe (oder einer Gemeinschaft): Scham entsteht, wenn wir den Standards unserer Gruppe nicht folgen. Sie begünstigt die Zusammenarbeit zwischen Individuen und einer sozialen Lebensweise, die auf gemeinsamen Werten beruht.
- Förderung von Anstand und Bescheidenheit: Scham erinnert uns daran, dass wir keine omnipotenten Götter sind, sondern unvollkommene menschliche Wesen.

Ungeachtet ihres konstruktiven Potenzials verursacht Scham, wenn sie nicht reguliert wird, im Alltagsleben eine Menge Schwierigkeiten. Dann ist die Frage nicht, ob Jungen Scham empfinden dürfen; man muss sich eher fragen, wie man sicherstellt, dass die von ihnen empfundene Scham ein optimales Niveau erreicht, damit die erwähnten positiven Ergebnisse erzielt werden.

Gespräche mit allen Haken und Ösen sind immer noch der direkteste Weg zur Schamregulation. Wie unbehaglich sich Jungen beim Reden auch fühlen mögen und trotz ihres Eifers, Dialoge um jeden Preis zu vermeiden, sind Unterhaltungen immer noch das probateste Mittel, durch Scham ausgelösten Kummer und Schmerz zu lindern und die Verwundbarkeit zu reduzieren, die an jeder Ecke lauert und darauf wartet, hervorzubrechen und den Jungen zu verletzen, zu paralysieren und zum Schweigen zu bringen.

Jungs helfen, dass sie ihre Stimme behalten

Jedes Gespräch, auch ein kurzer Austausch, kann für Jungs eine Tortur sein und erfordert deshalb Vorbereitung. Durch einen solchen Schritt können sie ihre Würde bewahren und ein gewisses Maß an Kontrolle über das Gespräch gewinnen, und ferner wird ihre Vulnerabilität gelindert. Leons Eltern aus dem Beispiel oben hätten ihrerseits die Chancen auf eine konstruktive Unterhaltung über die Schulnoten ihres Sohnes erhöht, wenn sie ihn entsprechend darauf vorbereitet hätten: »Wir wissen, dass du jetzt wirklich nicht in der Stimmung bist, über die Schule zu reden, aber wir müssen darüber reden, und wir versprechen, die Sache kurz zu machen.«

Praktischer Tipp: Vorbereitung auf ein Gespräch

Jungen können mit einer Einleitung in ein Gespräch gelockt werden, damit sie sich respektiert fühlen und Wörter entschärft werden können, die sie unter Umständen als kritisierend oder anklagend erleben würden. Derlei vorbereitende Erklärungen sollten die folgenden Botschaften übermitteln:
- **Verständnis dafür, dass das folgende Gespräch zwangsläufig unbehaglich werden wird:** »Wir wissen, dass du solche Unterhaltungen nicht magst und sie sogar hasst …«
- **Keine Absicht, jemanden zu verletzen:** »Wir wollen mit dir reden, haben aber überhaupt nicht die Absicht, dir weh zu tun oder dich zu beleidigen.«

- **Absicht, sich mit Kritik zurückzuhalten:** »Wir wollen dich nicht kritisieren und dir auch kein schlechtes Gewissen machen, wir wollen einfach nur verstehen ...«
- **Anerkennung, dass das Gespräch sehr wahrscheinlich mit Druck verbunden ist:** »Wir wissen, dass wir dich ständig damit belämmern und dir Vorhaltungen machen und dass das ziemlich nervig ist ...«

Natürlich garantieren diese Botschaften nicht, dass ein Junge begierig zu reden beginnt, aber sie erhöhen die Wahrscheinlichkeit, dass seine Reaktion moderater und respektvoller ausfällt.

Graduelle Aufdeckung der Gefühle

Möchte man mit Jungen über emotionale Themen sprechen, muss man dafür Zeit und Geduld aufbringen. Sie haben ihren eigenen Rhythmus, in dem sie sich selbst und anderen gegenüber zugeben, dass sie Schwierigkeiten haben und etwas verändern müssen. Manchmal versuchen wir aus durchweg guten Absichten heraus, diesen Prozess zu beschleunigen. Doch wenn ein Junge damit nicht Schritt halten kann, wird er unsere Hilfe rundweg zurückweisen und störrisch weiterhin das tun, von dem er in seinem Innersten weiß, dass es schädlich ist.

Damit Jungen ihre emotionalen Regulierungsfähigkeiten entwickeln können, sollten wir sie langsam an ihre Gefühle heranführen. Kurze Unterhaltungen, die Erwachsene vielleicht als unsinnig abtun, können für Jungen sogar ziemlich bedeutsam sein. Oftmals frage ich Jungs, die sehr wenig über sich und ihre Emotionen sprechen, weshalb sie trotzdem zur Therapie kommen. Ihre typischen Antworten überraschen mich immer wieder: »Weil das hier der einzige Ort ist, an dem ich reden kann.« Es scheint, dass Erwachsene und Jungen unterschiedliche Maßstäbe für das haben, was sie als emotionales Gespräch empfinden.

ELTERN: »Bei uns macht er seinen Mund nicht auf, aber wenn er am Computer sitzt, kriegt er ihn nicht zu.«
THERAPEUT: »Dort ist es für ihn einfacher. Man kann ihn nicht sehen, und er kann den Grad des Ausgesetztseins kontrollieren.«

Die Eltern wissen nur zu genau, dass ihr Sohn, der im Allgemeinen still und zurückgezogen ist, am Computer redeselig, sprachgewandt und spontan wird. Die Lösung dieses Rätsels liegt darin, dass der Junge, wenn er am Computer spielt, nicht sichtbar ist. Da Jungs überaus sensibel gegenüber prüfenden Blicken sind, können sie, wenn sie hinter einem Schutzschirm sprechen, sich öffnen und auf eine Weise zu kommunizieren, die ihnen andernfalls als zu riskant erscheint.

> THERAPEUT (Textnachricht per Smartphone, nachdem der Klient während der gesamten letzten Sitzung bestenfalls einsilbig war): »Ich möchte dich nicht ärgern, einfach nur sicherstellen, dass die Sache für dich in Ordnung war, weil du nicht viel gesagt hast.«
> LUCAS (16 Jahre). »Alles ist in Ordnung, ich weiß nicht, ich hatte nichts zu sagen.«
> THERAPEUT: »Wir kennen uns jetzt schon eine geraume Weile, und ich habe herausgefunden, dass du sehr still bist, wenn etwas mit deinen Freunden in der Schule nicht geklappt hat ...«
> LUCAS: »Ja, da war etwas, niemand schert sich um mich; ich bin, halt, total unsichtbar.«
> THERAPEUT: »Das muss sich wirklich schrecklich anfühlen, aber ich bin froh, dass du mir das gesagt hast. Ich möchte nicht, dass du mit so einem scheußlichen Gefühl ganz allein bleibst.«
> LUCAS: »Danke.«

Kommunizieren ohne Beschämung

Wir kritisieren alle mehr, als uns bewusst ist. Jungs stecken tagtäglich ziemlich viel Kritik ein, was auf die endlosen Bemühungen von Erwachsenen zurückgeht, die ihnen helfen wollen, sie erziehen und verbessern möchten. Je mehr Fehler Jungs machen (rüpelhaft, schweigsam, schmutzig, rücksichtslos sein oder den ganzen Tag am Computer spielen usw.), desto mehr Vorhaltungen und Belehrungen müssen sie einstecken. In jeder Erziehungsmaßnahme muss ein Körnchen Kritik enthalten sein, aber die kritischen Elemente sind oft zu zahlreich, um sie in sich aufnehmen zu können. Auch wenn Jungen das vielleicht nicht zeigen oder zugeben, sind sie Mäkeleien gegenüber sehr sensibel, und zwar unabhängig davon, ob sie damit gebessert oder gezüchtigt werden sollen.

> MUTTER: »Du räumst nie dein Zimmer auf!«
> VATER: »Du spielst nur noch am Computer, das ist alles, sonst nichts!«
> LEHRER: »Du störst ständig den Unterricht!«

Wie man allgemein weiß, bedeutet gute Kommunikation, dass man sich auf sich selbst konzentriert und weniger auf die andere Person. In obigem Beispiel hätte eine wirksamere Verständigung erreicht werden können, wenn die Mutter gesagt hätte: »Ich möchte mich nicht ständig über dich ärgern, weil dein Zimmer unordentlich ist.« Ähnlich hätte der Vater seine Botschaft wahrscheinlich besser rübergebracht, wenn er gesagt hätte: »Ich mache mir Sorgen darüber, dass der Computer von dir Besitz ergreift.« Solche Aussagen hätten den Scheinwerfer auf die Gefühle der Eltern gerichtet und weniger auf das schlechte Verhalten des Sohnes und mithin die Chancen erhöht, dass der Junge sich öffnet und den Eltern zuhört.

Die Sprache der Eltern kann außerordentlich zur Verschärfung beitragen und eine Wirkung haben, derer sie sich kaum bewusst sind. In aller Ahnungslosigkeit glauben sie, dass sich das Gespräch um Tatsachen dreht, ihr Sohn es aber als einen Generalangriff wahrnimmt. Das Ergebnis ist, dass beide Seiten zornig werden und auseinandergehen.

> ELTERN: »Immer ärgerst du deinen Bruder. Du warst noch nie nett zu ihm – du schikanierst und beleidigst ihn nur.«
> ALEXANDER (15 Jahre): »Ich bin es leid, dass ihr mich piesackt!« (stürmt aus dem Zimmer)
> ELTERN (zum Therapeuten): »Sehen Sie jetzt, wie er sich benimmt? Er verweigert das Gespräch!«
> THERAPEUT: »Vielleicht waren Sie in Ihrer Wortwahl ein bisschen zu kritisch …«
> ELTERN: »Wir stellen doch nur den Sachverhalt dar, wie es daheim zugeht …«

Wenn wir uns verletzt oder machtlos fühlen, verwenden wir tendenziell absolute Adverbien. Auch wenn eine solche Ausdrucksweise uns kurzfristig stark machen kann, werden Jungen dadurch verletzt, die wahrscheinlich mit einer emphatisch anklagenden eigenen Wortwahl reagieren: »Ihr zieht immer meinen Bruder vor! Ihr hört mir einfach nie zu. Ihr habt mich nicht lieb! Ihr seid die ganze Zeit über wütend und sonst nichts!«

Damit die Eltern mit ihrem Jungen effizient kommunizieren können, müssen sie beschämende Mitteilungen, besonders Nörgeleien und Vorwürfe, einschränken. Eine Möglichkeit, bewusster mit verbalen Formen der Beschämung umzugehen, besteht darin, dass sie Ausdrücke identifizieren und vermeiden, die üblicherweise in anklagenden Sprechakten benutzt werden., zum Beispiel »Du«, »immer«, »die ganze Zeit« oder »niemals«. Umsichtigen Eltern fällt bei der Verwendung solcher Wörter auf, dass sie verletzen oder hilflos machen, und werden so veranlasst, ihren Ton zu ändern: »Im Moment fühlen wir uns verletzt, aber wir wollen dir nicht auch weh tun. Wir machen uns große Sorgen, wie du zu deinem Bruder stehst, und würden gerne mit dir darüber reden.«

Eine solche Botschaft enthält eine Einladung. Die Eltern konzentrieren sich auf sich selbst und ihre Gefühle, und das kann eine ähnliche Reaktion hervorrufen: »Also wenn ihr die Wahrheit hören wollt, dann sage ich sie euch: Ich bin auch wütend auf euch!«

Eine solche Äußerung mag einem aufsässig vorkommen, aber in Wirklichkeit ist sie ein Versuch, in die elterliche Ouvertüre zu einem Gespräch einzustimmen. Ab diesem Punkt ist der Weg der Eltern zur Gestaltung des dringend benötigten Gesprächs weniger dornenreich. »Wir sind froh, dass du uns sagst, was in dir vorgeht. Was bringt dich so aus der Fassung?«

Praktischer Tipp: Hinweise auf Beschämung

Wenn Sie Wörter benutzen wie »immer«, »niemals«, »die ganze Zeit«, könnte es gut sein, dass Sie sich im Griff der Beschämung befinden. Lernen Sie, diese absoluten Adverbien als Signale zu identifizieren, dass Sie sich gerade beschämt fühlen, und dann ersetzen Sie diese Adverbien durch relativierende Ausdrücke wie beispielsweise »oft« oder »kaum«.

Es ist nicht so leicht, sich mit Kritik zurückzuhalten, wenn ein Junge sich auf eine Weise verhält, die ihn selbst oder andere verletzt. Abgesehen davon ist Kritik manchmal auch wichtig. Wie in anderen Dingen kommt es auf die Dosis an, die darüber entscheidet, ob Kritik zur Verbesserung und zur Veränderungsmotivation führt oder die Beziehung zu dem Jungen vergiftet und sein Selbstbild beschädigt.

Beim Spielen reden

Oft helfen mehrere gleichzeitig ausgeführte Aktivitäten in dem Sinn, dass eine andere Beschäftigung integriert wird, damit der Scheinwerfer nicht auf das momentane Gespräch zeigt. Ich für meinen Teil koche besonders gern, wenn ich mit Jungen rede. Wenn ich den Eltern sage, dass wir in der nächsten Sitzung alle zusammen etwas kochen, schauen sie mich überrascht an. Dann erkläre ich ihnen, dass einige der besten Gespräche mit Jungen beim gemeinsamen Essen stattfinden. Wir vergessen manchmal, dass Worte nicht die beste Möglichkeit darstellen, den Zugang zu einem Jungen zu finden.

Therapeuten, die Jungs behandeln, wissen, dass eine gemeinsame Aktivität einen effektiven Weg darstellt, eine vertrauensvolle Beziehung zu ihnen aufzubauen. In diesem Zusammenhang schreiben Dan Kindlon und Michael Thompson in ihrem Buch »Was braucht mein Sohn?«:

> »Wir spielen mit unseren Patienten Billard und Basketball und nennen dies Therapie. Wir reden mit den Jungen, während wir gemeinsam mit Legosteinen bauen. Wir sprechen mit ihnen über Familienprobleme, während wir Plastiksoldaten in Schlachtordnung aufstellen. Wir verlassen unsere Praxis und machen einen Abstecher zum nächsten Fastfood-Laden, kaufen das Zeug und nehmen es mit ins Sprechzimmer, um es dort zu verzehren, damit wir mit den Jungs über die jeweiligen Vorzüge von Cola und Sprite diskutieren können, um überhaupt an sie heranzukommen. Wir verlegen Therapiesitzungen auf die Straße, in Pizzerien, in Kneipen, in Autos. Wir lassen die Jungen auf der Couch herumspringen und von dort mit Getöse auf den Boden. Wir bekommen Anrufe von Kollegen ein Stockwerk tiefer, die sich über den Lärm

beschweren, mit dem unsere Therapiesitzungen verbunden sind. Uns bleibt nur, uns zu entschuldigen: Es tut uns ausgesprochen leid. Selbstverständlich sollte Psychotherapie in Ruhe vonstattengehen. Dabei sollte geredet, nicht herumgesprungen werden. Aber wir therapieren schließlich Jungs!« (Kindloon u. Thompson, 2001, S. 9).

Eine andere aussichtsreiche Möglichkeit, mit Jungen ins Gespräch zu kommen, ist dann gegeben, wenn sie am Computer spielen:

> THERAPEUT: »Willst du an der Konsole spielen?«
> NICO (11 Jahre): »Spielen Sie auch?«
> THERAPEUT: »Natürlich! Was hältst du davon, wenn wir FIFA spielen?«
> NICO: »Ja, sind Sie gut darin?«
> THERAPEUT: »Nicht wirklich, du wirst mich wahrscheinlich leicht schlagen …«
> NICO: »Es ist eine Frage der Praxis, wenn Sie üben, werden Sie besser!«

Spiele bieten eine gute Möglichkeit, um mit Jungen über ihre Schwächen und Herausforderungen zu sprechen:

> THERAPEUT (spielt am Computer): »Du hast mir erzählt, dass ich besser werde, wenn ich ordentlich übe.«
> NICO (in das Spiel vertieft): »Das stimmt.«
> THERAPEUT (schaut Nico nicht an): »Aber du scheinst diese Regel auf dein eigenes Leben nicht anzuwenden. Für die Schule übst du zum Beispiel nicht.«
> NICO (immer noch vertieft in das Spiel): »Die Schule ist etwas anderes.«
> THERAPEUT: »Inwiefern?«
> NICO (spielt konzentriert): »In der Schule, da bin ich mir nicht sicher, ob ich Erfolg haben kann. Ich hatte Privatunterricht bei einem Mathelehrer und bekam doch nur die Note ausreichend.«
> THERAPEUT (der Klient hat gerade ein Tor gegen ihn geschossen): »Du hast recht, es ist nicht genau das Gleiche.«
> NICO: »Ich habe Ihnen gesagt, dass Sie ordentlich üben müssen, wenn Sie besser werden wollen!«

THERAPEUT: »Ich wünschte, du würdest die Schule nicht aufgeben und weiterhin ordentlich arbeiten. Ich glaube an dich und an deine Fähigkeit, in der Schule gut zu sein ...«
NICO: »Ich weiß, ich sollte nicht aufgeben ...«

Durch das Spielen wird der Widerstand von Jungen geringer, und sie werden zum Sprechen ermutigt, weil sie sich dabei weniger ausgesetzt und verletzbar fühlen. Beim Spielen sind Jungs geschützt vor dem quälenden Gefühl, »nicht liefern zu können«, das dann entsteht, wenn sie zum Sprechen gedrängt werden. Beim gemeinsamen Spielen wird auch ohne zu sprechen die Verbindung zum anderen Menschen aufrechterhalten.

Verborgene Selbstkritik identifizieren

Üblicherweise gehen wir davon aus, dass Jungen deshalb nicht reden möchten, weil sie sich vor Kritik fürchten. Wir sind uns weniger darüber im Klaren, dass ihr Widerstand aus der Angst davor entsteht, sich selbst und anderen gegenüber einzugestehen, wie kritisch sie sich selbst gegenüber sind. Jungs geben nicht zu, dass sie sich schlechtmachen und sich quälen und das oft unbewusst und im Verborgenen. Diese versteckte Selbstverdammung erzeugt nicht weniger Schmerz und Leiden als Kritik, die von Außenstehenden kommt.

Studien weisen darauf hin, dass überbordende Selbstkritik und fehlende Bereitschaft, sich selbst zu vergeben, die Selbstkontrolle beeinträchtigen (Gilbert u. Procter, 2006). Auf diesem Mechanismus beruhen tendenziell auch die explosiven Verhaltensweisen von Jungen: Wenn ein Junge allzu selbstkritisch ist, reagiert er auch sensibler auf Tadel, was letztlich zu aggressiven Reaktionen führt, wenn andere, die nichts von seinem Hang zur Selbstherabsetzung wissen, sein Handeln nicht billigen:

THERAPEUT: »Dein Wutausbruch genau in diesem Moment hat deine Eltern wirklich schwer getroffen ...«
KARL (13 Jahre): »Sie sagen mir ständig, wie erbärmlich ich bin.«
THERAPEUT: »Und sie sehen nicht, dass du dich andauernd selbst kleinmachst.«

KARL: »Ja, sie glauben, ich mag es, dass mir etwas nicht gelingt.«
THERAPEUT: »Hast du ihnen das gesagt oder irgendwie gezeigt, dass du dir deswegen Sorgen machst?«

Da Jungen sich stark ausgesetzt fühlen, kommt es ihnen vor, als ob jeder sehen könnte, was in ihnen los ist. Folglich erscheint ihnen eine weitere Erläuterung ihrer Gefühle als überflüssig und auch als unerträglich. Die Eltern oder andere Erwachsene, die das Schweigen des Jungen bezeugen, deuten es als Teilnahmslosigkeit oder Gleichgültigkeit. Doch genau das Gegenteil ist der Fall:

LOUIS (14 Jahre): »Alle sagen mir, ich würde mich nicht genug anstrengen; ich habe das so satt.«
THERAPEUT: »Ja, ich verstehe. Ich habe noch nicht viele Jungen getroffen, die urplötzlich zu etwas motiviert wurden, nachdem sie von anderen kritisiert worden waren.«
LOUIS: »Ja ...«
THERAPEUT: »Besonders ärgerlich ist, dass sie nicht einsehen, dass auch du darüber besorgt bist, was mit dir passiert. Es ist, als ob die Leute denken, du seist glücklich mit der Situation, und genau deshalb versuchst du nicht, etwas zu verändern.«
LOUIS: »Ja!«
THERAPEUT: »Sie verstehen nicht, dass es für dich eine Qual ist, dass du dich nicht genug anstrengst. Es ist, als ob sie nicht sehen, wer du wirklich bist.«
LOUIS: »Alle denken nur schlecht über mich ...«
THERAPEUT: »Und mir kommt es so vor, dass auch du oft von dir denkst, nicht gut genug zu sein. Was für ein Glück, dass du mich hast, der Gutes über dich denkt!« (lächelt)
LOUIS (lächelt): »Vergessen Sie es ... Wollen Sie Backgammon spielen?«

Gespräche, die Verbindung schaffen: »Den Moment lösen und nicht das Problem«

Da aus Sicht eines Erwachsenen die Unlust von Jungen zu sprechen darauf hinweist, dass sie gewissermaßen unprätentiös sind, ist der elterliche Ansatz im Umgang mit ihren Söhnen oft ein sehr praktischer:

> ELTERN: »Du machst seit geraumer Zeit keine Hausaufgaben mehr; wir müssen eine Lösung für dieses Problem finden.«
> MAXIMILIAN (15 Jahre): »Ihr könnt allein eine Lösung finden. Das schert mich nicht.«

Wo es Probleme gibt, das ist äußerst wichtig da gibt es auch Gefühle. Genau aus diesem Grund scheitern auf Problemlösungen gerichtete Gespräche mit Jungen oft. Solche Interaktionen können nur erfolgreich sein, solange die Emotionen des Jungen – und denen deren Eltern (oder anderer wichtiger Erwachsener) – reguliert sind. Sind die Emotionen der interagierenden Parteien dysreguliert, beeinflussen ihre Gefühle den Gesprächsverlauf und stören ihre rationalen Bemühungen, das Problem zu lösen.

Die Regulierung von Emotionen, die im Verlauf eines Gesprächs entstehen, bezeichnet der Paartherapeut Dan Wile als »den Moment lösen« (1993). Wenn die Eltern sich darauf konzentrieren, den Moment zu lösen, helfen sie ihrem Sohn, seine Stimme zu behalten, und ermuntern ihn, sein Erleben reichhaltiger und vollständiger zu beschreiben. Dieser Schritt ist mit der Regulation von vielerlei Emotionen, vor allem der Regulierung des lähmenden Schamgefühls verbunden. Wenn Maximilians Eltern auf die Lösung des Moments und nicht auf die eines bestimmten Problems ausgerichtet gewesen wären, hätte das Gespräch in obigem Beispiel einen anderen Verlauf genommen:

> ELTERN: »Wir müssen mit dir reden, aber wir wollen nicht, dass du das Gefühl hast, wir wollten dir weh tun.«
> MAXIMILIAN: »Worüber wollt ihr reden?«
> ELTERN: »Über die Schule, aber nicht in dem Stil ›Lasst uns eine Lösung für das Problem finden‹.«
> MAXIMILIAN: »Also worüber wollt ihr reden?«
> ELTERN: »Wir wissen, dass die Schule für dich ein unbehagliches und sensibles Thema ist …«
> MAXIMILIAN: »Ihr habt es endlich kapiert. Seht ihr nicht, dass ich die ganze Sache mit dem sogenannten Schulbesuch satt habe? Einfach nur Zeitverschwendung, gibt mir nur das Gefühl, Scheiße zu sein.«

Eltern: »Erklär uns doch, wie du dich fühlst, es ist wichtig ...«
Maximilian: »Es ist unmöglich, dass ich das schaffe, die ganze Sache ist so komplett unnötig!«
Eltern: »Wir glauben, dass wir dich verstehen. Auch wenn du dich noch mehr anstrengst und es dann wieder nicht schaffst, wirst du dich noch lausiger fühlen ...«
Maximilian: »Genau!«
Eltern: »Eine wirklich komplizierte Situation ...«
Maximilian: »Was habt ihr geglaubt? Dass ich nicht weiterkommen will?«
Eltern: »Wir wissen ...«
Maximilian (unterbricht die Eltern): »Das sage ich euch ständig, aber ihr hört einfach nicht zu!«
Eltern: »Das war nicht unsere Absicht, und es tut uns leid, dass du dich wegen uns so gefühlt hast. Und hast du jetzt den Eindruck, dass wir dir zuhören?«
Maximilian: »Ja, endlich ...«

Die Eltern scheinen bei der Lösung des Hausaufgabenproblems nicht weitergekommen zu sein, aber sie haben es geschafft, einen Dialog zu beginnen, der ihren Sohn zu einem besseren Verhältnis zu ihnen und zu sich selbst führen könnte – und dementsprechend die Emotion der Scham zu regulieren. Die Eltern konnten von Anfang an die Diskussion über Lösungen vermeiden und appellierten stattdessen an ihren Sohn, ihnen zu sagen, was mit ihm los ist. Eine solche Haltung kann den Jungen sehr wahrscheinlich dazu motivieren, mit ihnen nicht nur über ein äußerst sensibles Thema zu sprechen, sondern auch für sich herauszufinden, was er genau will und wie er vorgehen kann, um diese Ziele zu erreichen.

Praktischer Tipp: Ein Gespräch so steuern, dass eine Verbindung entsteht

Gespräche, in denen man Verbindung zu Jungen aufnimmt, erfordern meistens folgende Aspekte:
- »Den Moment lösen und nicht das Problem«; das setzt die Erkenntnis voraus, dass das zentrale Problem die Scham ist

und den Jungen geholfen werden muss, ihre Ängste, Wünsche und sonstigen Gefühle auszudrücken, die durch diese Emotion zum Schweigen gebracht werden.
- Sich ausführlich und offen entschuldigen aus dem Verständnis heraus, dass man Jungen in Situationen, die mit intensiver Scham verbunden sind, leicht weh tun kann; Entschuldigungen können den Kummer und Schmerz lindern, die sich während des Gesprächs aufgebaut haben.
- Transparenz: Die Eltern müssen deutlich machen, dass ihr Ziel nicht darin besteht, eine Lösung zu finden.
- Allmähliche Konfrontation des Jungen mit seinen Gefühlen.
- Einsicht, dass die provozierenden oder feindlichen Äußerungen des Jungen als Signale gesehen werden sollten, dass er sich schämt.
- Daran denken, dass man auch als Eltern durch Schamgefühle verletzbar ist – dass Sie sich wie Ihr Sohn vielleicht nicht respektiert, sondern angegriffen fühlen und Sie ihn schlussendlich provozieren, indem Sie beschuldigende oder beschämende Worte verwenden.

Gespräche, in denen man Verbindung zu Jungs aufnimmt, sind von Natur aus motivierend und führen dazu, dass sie die Herausforderungen des Lebens bewältigen wollen. Anders ausgedrückt: Eine solche Motivation erwächst nicht aus Standpauken, Konfrontationen oder durch Grenzziehungen, sondern aus einer freundlichen, aber kraftvollen Prozess der Regulation von Emotionen, die Hemmungen hervorrufen und letztlich in eine Sackgasse führen. Bei einem Jungen trägt die emotionale Regulierung dazu bei, dass er den Kontakt nicht nur zu anderen, sondern auch zu sich selbst, zu seinen Bedürfnissen und echten Wünschen herstellt – was sowohl eine Voraussetzung als auch eine Vorbereitung für den nächsten Schritt hin zu einer gesunden Entwicklung ist.

III Kontakt zu ängstlich-vermeidenden und selbstentfremdeten Jungs aufnehmen

Heute weigern sich immer mehr Jungs, an Aktivitäten teilzunehmen, die als normal für ihr Alter angesehen werden. Viele von ihnen schwänzen den Unterricht oder gehen überhaupt nicht mehr in die Schule, vermeiden soziale Kontakte, erscheinen nicht zu Familienereignissen, lehnen eine vorteilhafte Erwerbstätigkeit ab und verlassen manchmal sogar tagelang ihr Zimmer nicht.

Für viele ist das Leben in Zurückgezogenheit und im Vermeidungsmodus zum Normalzustand geworden. Sie gehen nicht mehr aus dem Haus, um Freunde zu treffen, wie das früher üblich war. Stattdessen tauchen sie ins Sozialleben auf dem Bildschirm ab – oder vielleicht nicht einmal das. Viele haben das Gefühl, dass es zu schwierig ist, mit Begegnungen unter vier Augen zurechtzukommen, und den Aufwand nicht lohnt:

THERAPEUT: »Ich habe festgestellt, dass du dich selten mit Freunden triffst – warum?«

TIM (13 Jahre): »Warum sollte ich sie treffen wollen?«

THERAPEUT: »Oh, ich weiß nicht – macht es nicht mehr Spaß, bei anderen zu sein?«

TIM: »Es ist komplizierter. Was ist, wenn ich beispielsweise möchte, dass er geht, er aber bleibt? Aber wenn ich mit ihm am Computer spiele, habe ich das Problem nicht: Ich kann aufhören, wann mir danach ist.«

Jungen verbringen ihre Zeit nicht mehr aushäusig. Sogar Fußball- und Basketballplätze, die früher immer überfüllt waren, sind nun leer und verwaist.

VATER: »Als ich in seinem Alter war, war ich immer draußen; aber er scheint nicht viel aus dem Haus zu gehen ...«

THERAPEUT: »Ja, heute ist das Leben ganz anders …«
VATER: »Glauben Sie nicht, dass das ein Problem ist?«
THERAPEUT: »Wie bei allem, so ist auch das eine Frage der Verhältnismäßigkeit. Draußen sein ist in vielerlei Hinsicht passé. Wenn man drüber nachdenkt, macht es in der heutigen technikzentrierten Welt Sinn, in den vier Wänden zu bleiben. Doch an irgendeinem Punkt wird es zum Problem.«

Da es inzwischen so weitverbreitet ist, dass Jungen zu Hause bleiben und am Computer spielen, entgeht den Eltern vielleicht die Entwicklungsstufe ihres Sohnes, auf der Vermeidungsverhalten, Rückzug und Selbstentfremdung fest zu seinem Leben gehören.

ELTERN: »Er spielt den ganzen Tag lang am Computer, aber das macht jeder, oder?«
THERAPEUT: »Ja, sehr viele Jungs verbringen eine Menge Zeit wie angewurzelt am Bildschirm. Die Frage ist, ob sie sich weigern, dem realen Leben ins Auge zu sehen. Ich meine, versucht Ihr Sohn, sich überhaupt mit Freunden zu treffen? Ist er bereit, soziale Kontakte aufzunehmen oder mitzugehen zu Familientreffen? Kann er mit zunehmendem Alter besser mit Schwierigkeiten umgehen, oder ist er verletzbarer und stärker isoliert?«

Die folgenden Verhaltensmuster sollten Sie als Warnsignale verstehen, dass die Vermeidungsstrategien Ihres Sohnes außer Kontrolle geraten sind:
- Er trifft sich nicht mit Freunden, auch wenn sie ihn einladen.
- Er erlaubt seinen Eltern nicht, sein Zimmer zu betreten, wenn er am Computer spielt.
- Er wäscht und pflegt sich nicht mehr.
- Er nimmt nicht zusammen mit der Familie die Mahlzeiten ein.
- Er nimmt nicht an sozialen, Familien- und sonstigen Treffen teil.
- Er schwänzt an immer mehr Tagen die Schule.
- Er lehnt es ab, sich an Aktivitäten zu beteiligen, bei denen andere ihn tatsächlich sehen könnten.

Verhaltensmuster der Isolation und Vermeidung können auf ernsthafte psychische Schwierigkeiten hindeuten. Ohne dass Menschen im Umfeld des Jungen rasch und angemessen auf diese Entwicklung reagieren, kann er Verhaltensweisen entwickeln, die zu einem deutlichen Nachlassen der schulischen Leistungen und sozialen Handlungskompetenz führen und sogar elementare Vorgänge wie Essen, Schlafen und Pflegen des Körpers beeinträchtigen können.

Während Eltern, Erzieherinnen und Mediziner oder Therapeutinnen diese alarmierenden Verhaltensweisen zwar erkennen, sind sie doch oft ratlos, weil diese Muster noch so neu sind. Auf der Suche nach dem rechten Weg im Umgang mit der Situation schwanken sie tendenziell zwischen Haltungen, die allzu weich und halbherzig sind (»Was können wir tun, wenn er selbst keine Motivation zur Veränderung hat?«), und dem sogenannten Ansatz der liebevollen Strenge (»Er ist einfach ein verwöhnter Schlingel; er muss sich zusammenreißen …«). Eine solche Denk- und Verhaltensweise der Erwachsenen führt oft zum Einsturz der Beziehungsbrücke zwischen Eltern und ihrem Sohn, der dadurch noch weltentrückter wird, während die Eltern von Frustration und Hilflosigkeit überwältigt sind.

Die Falle namens Verantwortung

Die Eltern übernehmen heute tendenziell mehr Verantwortung für das Streben und Handeln ihrer Söhne als in früheren Zeiten. Sie sind in die Bildung und das Sozialleben ihrer Kinder eingebunden und tragen die Verpflichtung für Bereiche, die einst unter der ausschließlichen Zuständigkeit des Kindes standen.

Solche Verhaltensweisen haben modernen Eltern reichlich unvorteilhafte Spitznamen eingebracht, zum Beispiel Helikoptereltern, Bulldozer-Eltern und dergleichen. Doch diese wertenden Etikettierungen treffen insofern nicht den Punkt, als die Neigung von Erwachsenen, die Regie zu übernehmen, größtenteils eine Reaktion auf das passive und vermeidende Verhalten der Kinder darstellt und weniger dessen Ursache. Auch viele Therapeuten schließen sich der unangebrachten Vorstellung an, dass die Einbeziehung der Eltern unweigerlich ein Problem ist:

ELTERN: »Wir sind in Therapie, und der Psychologe sagte uns, dass wir unserem Sohn die Verantwortung für seinen Schulbesuch übertragen sollen.«

THERAPEUT: »Und was ist passiert?«

ELTERN: »Sobald wir uns rausgehalten haben, hörte er mit dem Lernen auf.«

THERAPEUT: »Und was ist dann passiert?«

ELTERN: »Seine Noten gingen in den Keller, seine Motivation erreichte einen Tiefpunkt, und schließlich kümmerte er sich um überhaupt nichts mehr.«

Es zeigt sich, dass die Übertragung von Verantwortung auf ein Kind nicht ganz so einfach ist, wie das scheinen mag. Früher gewährleistete ein solcher Schritt eher seine Realisierung, da das Kind gezwungen war, die Konsequenzen seines Handelns zu tragen. Wenn der Junge beispielsweise die Schule schwänzte, bekam er schlechte Noten und fühlte sich ausgeschlossen – eine unangenehme Erfahrung, weil andere Beschäftigungs- oder Entspannungsmöglichkeiten fehlten. Entsprechend versuchte er rasch, sein Verhalten zu ändern.

Diese Annahme ist heute hinfällig, wenn man es mit vermeidenden und selbstentfremdeten Jungs zu tun hat: Je stärker sie unter den Folgen ihres Handelns leiden, desto stärker schotten sie sich von der Außenwelt ab.

Warum geschieht das gerade jetzt?

Selbstentfremdete und vermeidende Verhaltensweisen, die man heute so häufig bei Jungen beobachtet, sind zum Teil eine Gegenreaktion auf die vorherrschende kulturelle Großwetterlage, in der es belächelt und als entwürdigend betrachtet wird, wenn jemand ein einfaches Leben als gewöhnlicher Mensch führt. Viele Jungs halten außergewöhnlichen Erfolg für das einzige Lebensziel, das es zu verfolgen wert ist. Wenn sie spüren, dass ein solches Ziel unerreichbar ist, geben sie auf, steigen aus und verstecken sich.

Wenn man das eigene Leben permanent mit dem scheinbar perfekten Leben anderer Menschen vergleicht, führt das nur zum Unglücklichsein und zu Unzufriedenheit. Die Kinder von heute werden überflutet mit unzähligen Nachrichten, die von glanzvollen Geschichten über wirtschaftlichen und sozialen Erfolg erzählen und bei Jungs ein Gefühl von Minderwertigkeit auslösen – seien es Gleichaltrige, die sich an aufregenden Aktivitäten erfreuen, oder Berühmtheiten mit ihren Villen und zahntechnisch perfekten Lächeln. Ein Kind weiß nicht, welchen Einflusses solche Botschaften auf sein Selbstwertgefühl haben, und stellt immer wieder solche Vergleiche an, was bei ihm letztlich zu dem Gefühl führt, dass sein Leben eine klägliche und elendige Zeitverschwendung ist.

Statt dass Jungs eine kritische Haltung gegenüber einem solchen Trommelfeuer von realitätsfernen Berichten entwickeln, flüchten sie sich in Selbstbeschuldigung und sehen sich schließlich als fehlerbehaftete Geschöpfe, die nicht als Gleichwertige an ihrem sozialen Umfeld teilhaben können.

> ELTERN: »Woran leidet er? Ist er depressiv? Hat er Angst?«
> THERAPEUT: »Ein bisschen von beidem. Aber vor allen Dingen ist es ein Problem der Abkoppelung – von anderen Menschen und von sich selbst.«
> ELTERN: »Und wie behandelt man das?«
> THERAPEUT: »Kontakt – zu anderen und zu sich selbst – herstellen bzw. wiederherstellen.«

Früher mussten Jungen hauptsächlich wegen Aggressionen oder Verhaltensproblemen therapiert werden; heute sind die meisten von ihnen wegen Abkoppelung von der Welt, Vermeidungsverhalten, Isolation und Motivationsproblemen in Behandlung. Vorbei sind die Zeiten, in denen nur introvertierte und schüchterne Jungs sich ganz bewusst von der Welt lossagten; heute tun dies auch zahlreiche extrovertierte Jungen.

Die Abkoppelung von der Schule

Jahr für Jahr empfinden immer mehr Jungen den Schulbesuch als beschwerlich. Dieses Phänomen, das als Schulverweigerung (früher sagte man Schulphobie oder Schulangst) bezeichnet wird, äußert sich auf unterschiedlichen Ebenen als Widerwilligkeit, das Klassenzimmer zu betreten oder auf dem Schulgelände zu verweilen. Aber das Wort Verweigerung erfasst nicht das eigentliche Problem: Es beschreibt zwar den Widerstand des Kindes, zur Schule zu gehen, aber es verweist nicht auf die Quelle des Widerstands. Und die Quelle ist in diesem Fall die Angst davor, als schwach und minderwertig wahrgenommen zu werden – beide Aspekte sind mit der Emotion der Scham verbunden.

Die Schulverweigerung wird vor allem bei Teenagern oft einer rebellischen und unangepassten Haltung zugeschrieben. Wir betrachten das Verhalten dieser Kinder tendenziell so, als ob es aus einem Machtgefühl und auch einer Anspruchshaltung heraus entsteht. Doch in den meisten Fällen ist das weit von der Wahrheit entfernt: Während die von einem empfundenen Gefühl der Überlegenheit herrührende Renitenz von Wut geprägt ist, sind die meisten Jungen, die den Schulbesuch verweigern, eher anfällig für Schamgefühle, Angst und Gleichgültigkeit. Mit anderen Worten: Sie fühlen sich schwach und unterlegen.

Zugegeben, Schulverweigerung ist eine extreme Handlung. Da wir gewohnheitsmäßig davon ausgehen, dass der Schulbesuch die Aufgabe des Kindes ist, beurteilen wir die Weigerung, diese zu erfüllen, oft genauso wie die Arbeitsverweigerung eines Erwachsenen. Ein solches Verhalten ihres Sohnes ist für Eltern Anlass zu großer Sorge; denn sie haben Angst, dass er auf einen Weg ins Nirgendwo gerät. Da die Eltern ihr Kind nicht zu motivieren imstande sind, werden sie in einen bitteren Konflikt hineingezogen – zuerst mit dem Kind, dann untereinander, dann mit der Schule und schließlich mit den örtlichen Jugendämtern.

In Japan greift ein alarmierendes Phänomen um sich: Jungen schließen sich einfach zu Hause ein. Sie werden *Hikkikomori* genannt, gehen überhaupt nicht mehr zur Schule und bleiben monatelang oder sogar jahrelang in ihrem Zimmer. Die Eltern, die ihrem Kind meistens nicht dabei helfen können, den Schulbesuch wieder aufzunehmen, gewöhnen sich mit der Zeit an dessen ständige Anwesenheit zu Hause und an seinen ewigen Zustand der Paralyse.

Tatsächlich ist in Japan der *Hikkikomori* als Phänomen heute so weit verbreitet, dass in Onlinegames aus dem japanischen Anime-Genre (Animationsfilme) *Hikkikomori* die Hauptrollen spielen. In der Anime-Fernsehserie »No Game, No Life« beispielsweise geht es um einen Bruder und eine Schwester, die nicht aus dem Haus gehen, Computerspiele spielen, zu essen vergessen und von schrecklichen Ängsten geplagt sind, wenn sie nach draußen gehen müssen. Am Ende leben die beiden in einer anderen Welt, in der ihr Spielegeschick geschätzt wird, ihr Sozialleben reichhaltig ist und sie selbst sich an den unterschiedlichsten Aktivitäten erfreuen. In dieser Serie äußert sich das tiefe Verlangen von Kindern, die von sich selbst und der Welt abgekoppelt sind: akzeptiert sein, dazugehören, sichtbar sein.

Ähnliche Vulnerabilitäten und Sehnsüchte sind typisch für Jungen, die sich weigern, zur Schule zu gehen. Die zahlreichen Faktoren, die der Schulverweigerung zugrunde liegen können, lassen sich unter einer einzigen Erfahrungskategorie zusammenfassen: Gefühle von Minderwertigkeit oder Unterlegenheit und Schwäche:
- Erfahrung von Minderwertigkeit oder Unterlegenheit und Schwäche im Umgang mit anderen Kindern.
- Erfahrung von Minderwertigkeit oder Unterlegenheit und Schwäche im Umgang mit Schulthemen.

In beiden Fällen evozieren diese Erfahrungen das Gefühl der Scham und treiben den Schüler dazu, sich zu Hause einzuschließen, wo er sich sicher fühlt.

Die Abkoppelung von der Schule geschieht nicht urplötzlich; sie ist ein langsamer Prozess und wird durch die folgenden Faktoren und Schritte vorangetrieben und verstärkt (Kearney, 2001):
- Der Schulbesuch ist mit großem Druck und diversen anderen Schwierigkeiten verknüpft.
- Der Junge schwänzt hin und wieder den Unterricht.
- Der Junge »beurlaubt sich« gelegentlich von der Schule.
- Der Junge geht überhaupt nicht mehr zur Schule.

Weil sich dieses Phänomen schrittweise entwickelt, sind die Eltern oft unsicher, ob sie es mit einem ernsthaften Problem zu tun haben oder mit einer Herausforderung, die mit den üblichen Schul- und Erziehungsstrategien bewältigt werden kann.

Wenn der Junge überhaupt nicht mehr zur Schule geht, fühlt er sich erleichtert: Nach einer langen Phase der anstrengenden

Bewältigung und der Angst tritt plötzlich Friede und Stille ein, innere Ruhe und Sicherheit. Die Feststellung, dass die Schulverweigerung eine Option darstellt, die tragfähig ist und nicht zu verheerenden Resultaten führt, ist an sich schon destruktiv. Von diesem Moment an ist die Versuchung, zu Hause zu bleiben, ähnlich der Situation, in der sich ein Alkoholiker befindet, wenn ihm ein alkoholisches Getränk angeboten wird. Daheim bleiben wird zu einer unwiderstehlichen Wahlmöglichkeit.

THERAPEUT: »Ihr Sohn hat etwas entdeckt, von dem wir nicht wollen, dass Kinder es realisieren.«
ELTERN: »Was ist das?«
THERAPEUT: »Dass der Himmel auch dann nicht herunterfällt, wenn er nicht zur Schule geht; dass ihm nichts geschieht. Er wird nicht aus dem Haus geworfen. Seine Eltern landen nicht im Gefängnis. Das Leben geht weiter.«
ELTERN: »Und was als Nächstes?«
THERAPEUT: »Nicht zur Schule zu gehen ist jetzt eine reale Möglichkeit und, offen gestanden, auch die attraktivste – mit minimalem Schmerz und Leiden, zumindest kurzfristig.«

Jüngere Kinder, die nicht zur Schule gehen wollen, könnte man an der Hand nehmen und sie bis in die Schule bringen. Ältere Jungs können nur mit Worten davon überzeugt werden, dass ihnen ihr Verhalten schadet.

ELTERN: »Du musst zur Schule gehen!«
NIKLAS (14 Jahre): »Wozu?«
ELTERN: »Du ruinierst deine Zukunft!«
NIKLAS: (ungläubige Stille)

Solche Versuche sind jedoch nicht erfolgreich, weil der Junge glaubt, seine Zukunft sei schon ruiniert; ihm bleibt nur noch, seine Ehre zu retten, und das kann er ausschließlich dadurch, dass er sich weigert, das Spiel mitzuspielen. Jungen können all die Komplexitäten ihres Verhaltens natürlich noch nicht verstehen und deshalb dies alles nicht in Worte fassen. Für sie ist das Zuhause-Bleiben ein proaktiver Schritt – er erspart ihnen Misserfolge sowie Kummer und Schmerz.

Einer der Hauptgründe, warum Jungs den Schulbesuch verweigern oder im Unterricht – wenn sie denn anwesend sind – nicht kooperieren, liegt in ihrer Überzeugung, dass sie nicht erfolgreich sein können. Dieser Vorstellung liegt ein unreguliertes Gefühl der Scham zugrunde, das immer wieder lähmende Gedanken anfacht wie etwa: »Du hast keine Chance, das wettzumachen!« »Du bist ein Nichts!« »Weshalb sich aufregen?! Es ist doch eh alles verloren!«

Die Motivation kommt mit dem Vertrauen eines Menschen, dass seine Bemühungen Früchte tragen werden. Die Fähigkeit und Bereitschaft, ohne eine sofortige Belohnung auszukommen, sind verankert in der Vorfreude auf substanzielle Entlohnungen in der Zukunft – ansonsten greift die Logik der Investition nicht. Aufsässige Jungs, denen dieses Vertrauen fehlt, können die Motivation zum nötigen Einsatz schlicht und einfach nicht aufbringen. In solchen Fällen sind Appelle an die Vernunft und gutes Zureden meistens nicht von Erfolg gekrönt:

> ELTERN: »Du solltest dich mehr anstrengen – wenn du gute Noten bekommst, kannst du auf ein richtig gutes College gehen!«
> DAVID (16 Jahre): »Mir ist nicht danach.«
> ELTERN: »Möchtest du keinen Erfolg im Leben haben?«
> DAVID: »Lasst mich in Ruhe.«

Der erste Schritt in jedem Veränderungsprozess ist gemacht, wenn der Junge bereit ist, seine Schwierigkeiten einzusehen. Damit die Eltern ihm diesen Schritt erleichtern können, müssen sie sich um Gespräche bemühen, die ihm die Verbindung zu seinem Selbst ermöglichen: Statt an die Vernunft zu appellieren und ihrem Sohn gut zuzureden, statt dass sie sich verteidigen oder ihm drohen, sollten sie sich in die Logik des Jungen versetzen und ihm dadurch eine Stimme geben:

> ELTERN: »Wir können verstehen, weshalb du dich nicht anstrengen willst.«
> DAVID: »Was?«

ELTERN: »Ja, ja. Glaube nicht, dass wir nicht begreifen. Du meinst, es hat keinen Sinn, so viel Energie zu investieren, wenn du nicht sicher bist, dass sich deine Mühe auszahlt.«

DAVID: »Genau das versuche ich schon die ganze Zeit, euch klarzumachen!«

ELTERN: »Wir wissen auch, dass du erfolgreich sein möchtest, aber du glaubst, dass du das nicht in dir hast.«

DAVID: »Das stimmt. Also, Leute, was glaubt ihr, sollte ich tun?«

Natürlich gibt es auf diese Frage keine unmittelbare Antwort, aber während die zuvor erwähnte Unterhaltung nichts als Widerstand und Feindseligkeit eingebracht hat, führte das obige Gespräch den Jungen dazu, sich Vorschlägen zu öffnen.

Das Gefühl, nicht dazuzugehören

Über viele Generationen gingen Jungen gern zur Schule, und zwar hauptsächlich deshalb, weil das schulische Leben soziale Interaktion ermöglichte. In unserer Generation ist die Situation genau umgekehrt: Der Schulbesuch bringt Isolation und Angst mit sich, und verglichen damit ist das Zuhause-Bleiben schmerzfrei. Natürlich gab es früher auch schon Jungs, die isoliert und ängstlich waren, aber sie mussten sich gewissermaßen damit abfinden, weil es wirklich keine andere Möglichkeit gab. Heute finden Jungs andere Kinder online und treten mit ihnen in Kontakt, wodurch sie sich das Unbehagen und die Frustration ersparen, die mit dem Schulbesuch verbunden sind, und gleichzeitig das Gefühl vereiteln, nicht dazuzugehören.

Gruppenzugehörigkeit ist für die normale Entwicklung von Jungen von enormer Bedeutung. Positive Emotionen wie Zufriedenheit, Freude, Ruhe und Erfüllung entstehen, wenn man das Gefühl hat, Teil einer gastfreundlichen Gruppe zu sein. Wenn aber Menschen sich nicht dazugehörig fühlen, sich als zurückgewiesen oder als Sündenbock empfinden, werden sie von starken negativen Emotionen geplagt und können Ängste und Depressionen entwickeln (Cacioppo u. Patrick, 2011).

Das Gefühl der Zugehörigkeit ist eine Quelle von Sicherheit und

Status, wobei Sicherheit die Angst schmälert, während der Status den eigenen Wert steigert und Schamgefühle abschwächt. Weil Gruppenzugehörigkeit wesentlich zur Befindlichkeit eines Menschen beiträgt, hat die Evolution Mechanismen zur Stärkung der Motivation hervorgebracht, soziale Verbindungen aufrechtzuerhalten: Wenn wir in Kontakt mit anderen Menschen sind, erleben wir belohnende und positive Emotionen wie Freude und Vergnügen, wohingegen die Abkoppelung von anderen zu negativen Emotionen wie Scham, Angst und Traurigkeit führt.

Wenn ein Mensch das Gefühl verspürt, nicht dazuzugehören, werden ähnliche Gehirnareale aktiviert wie diejenigen, die bei körperlichem Schmerz aktiviert werden (Mac Donald u. Leary, 2005). Jungen, die auf Zurückweisung besonders sensibel reagieren, bereiten sich schon vorauseilend auf einen erwarteten Tiefschlag vor und stimmen sich auf alle Anzeichen von Distanzierung oder Geringschätzung durch andere ein. Oft deuten sie das neutrale und auch positive Verhalten anderer Menschen als Ablehnung:

> JOEL (15 Jahre): »Ich weiß, dass sie nicht meine Freunde sein wollen!«
> THERAPEUT: »Wie kannst du dir so sicher sein?«
> JOEL: »Weshalb sollten sie meine Freunde sein? Ich bin dumm und langweilig.«
> THERAPEUT: »Es ist traurig, dass du so über dich denkst ...«
> JOEL: »Aber es ist wahr! Jedes Mal, wenn ich denke, dass ich kein Langweiler bin, werde ich enttäuscht und sonst nichts.«
> THERAPEUT: »Und das tut sehr weh ...«
> JOEL: »Ja, ich möchte nicht enttäuscht werden.«

Zuerst bleiben Jungs der Schule fern, damit sie sich nicht verletzt, schwach und minderwertig fühlen müssen, gelangen aber mit der Zeit immer mehr zu der Überzeugung, dass sie kein Recht auf Zugehörigkeit haben, und bleiben dann daheim. Je länger sie von der Welt abgekoppelt sind, desto geringer ist ihr Verlangen, bei anderen Menschen zu sein:

> THERAPEUT: »Weshalb bist du nicht zur Schule gegangen?«
> LUCA (16 Jahre): »Weil ich dort nichts verloren habe.«

THERAPEUT: »Du kannst dir nicht vorstellen, dass es für etwas gut sein könnte, zur Schule zu gehen?«
LUCA: »Nein.«
THERAPEUT: »Nicht einmal, um Freunde zu treffen?«
LUCA: »Nein ... eigentlich ist mir nicht danach, sie zu sehen.«

Genauso wie wenn jemand aufhört zu essen und das Verlangen nach Nahrung verliert, so kann die Einstellung sozialer Aktivitäten dazu führen, dass der Wunsch nachlässt, anderen Menschen zu begegnen, und auch die Fähigkeit, sich an sozialen Interaktionen zu erfreuen. Eine lange anhaltende Isolation führt bei Jungs dazu, sich noch mehr abzukoppeln und jedem sozialen Kontakt zu misstrauen. Im Laufe der Zeit nimmt auch ihre Vulnerabilität in dem Maße zu, dass andere Kinder und Erwachsene als Bedrohung wahrgenommen werden, die nach extremen Schutzmaßnahmen verlangt. Selbst Familienmitglieder, die zuvor einen sicheren Hafen repräsentiert haben, werden als Bedrohung angesehen, die man auf Distanz halten muss.

Praktischer Tipp: Achten Sie darauf, dass Ihr Sohn sich weiterhin als Schüler fühlt

Wenn ein Junge sich nicht mehr für die Schule engagiert, wodurch er ursprünglich seine Scham reduzieren wollte, führt das zum genauen Gegenteil – diese Emotion wird gesteigert und intensiviert. Das ist eine Auswirkung seiner »von seinem Selbst ablenkenden« Verhaltensweisen: Dadurch, dass er sich von der Schule zurückzieht, setzt er sich von den anderen Schülern ab, das heißt, er ist der sprichwörtliche Schüler, der nicht mehr zum Unterricht kommt. So gibt der Junge, wenn sich der Prozess der Abkoppelung verstärkt, nicht nur das Erleben des Dazugehörens auf, sondern auch seine Identität als Schüler. Ohne diese Identität ist es für den Jungen natürlich bequemer, weil er eine Welt für sich allein und ohne Erwartungsdruck geschaffen hat. Doch die Kosten dafür sind gewaltig. Er entfremdet sich zunehmend von der Gesellschaft und wird unsichtbar, wodurch sich seine Entwicklung verzögern kann.

Um diese destruktive Dynamik zu verhindern, müssen die Eltern mit der Schule zusammenarbeiten, damit ihr Sohn weiterhin seine Identität als Schüler bewahren kann. Dazu gehört es, dass
- ihr Sohn geregelte Schlaf- und Wachzeiten einhält,
- Unterrichtsmaterialien nach Hause geschickt werden,
- Mitschüler gefunden werden, die mit ihrem Sohn in Kontakt sind und bleiben,
- die Eltern anstelle ihres Sohnes zur Schule gehen: »Wir sind für dich zur Schule gegangen und haben mit dem Schulberater gesprochen. Also in der Schule stehst du weiterhin in allen Fächer auf der Schülerliste.«
- Lernaufgaben für den Sohn gestellt werden und von ihm verlangt wird, dass er sie auch macht: »Auch wenn du nicht zur Schule gehst, bist du immer noch ein Schüler, und das sind deine Schulaufgaben für heute.«
- Lehrer zu dem Jungen nach Hause kommen, um ihn zu unterrichten.

Viele Eltern ergreifen diese Maßnahmen, geben aber leider manchmal zu schnell auf, wenn ihre Bemühungen, den Jungen wieder zur Schule zu bringen, nicht erwartungsgemäß Früchte tragen. Doch sie müssen unbedingt im Hinterkopf behalten, dass der Veränderungsprozess Zeit, Entschlossenheit und Geduld braucht.

Computerabhängigkeit als Vorbote der Entfremdung

Die meisten Jungs beginnen mit dem Spielen von Videospielen, um mit anderen Menschen in Kontakt zu kommen, stellen aber mit der Zeit fest, dass sie den Zugang zu anderen und zu sich selbst verloren haben.

Den Eltern ist dieses Phänomen nur allzu vertraut: Zuerst spielt das Kind am Computer zu festen Zeiten, aber langsam vergrößert es die Zeiträume, die es vor dem Bildschirm verbringt – aus Minuten werden Stunden, aus Stunden werden Tage, und im Handumdrehen verdrängen und verschlingen die Computerspiele alle anderen Aktivitäten des Kindes.

Wenn das Bewusstsein des Jungen von Videospielen beherrscht wird, empfindet er alles Übrige als stumpfsinnig, unnötig und bedeutungslos. Er zieht sich allmählich von außerschulischen Aktivitäten zurück, trifft sich nicht mehr mit Freunden (manchmal sogar nicht einmal mehr zum Gaming), verbringt immer weniger Zeit mit der Familie und nimmt sein Essen mit in sein Zimmer. Irgendwann werden auch der Schulbesuch und seine Schlafenszeiten zum Problem. Selbst wenn die ganze Familie in den Ferien ist, hat der Junge einzig und allein Interesse daran, auf seinem Smartphone herumzuspielen. Wenn er später gefragt wird, wo sie waren, wird sich der Junge nur schwerlich daran erinnern. Im Laufe der Zeit nimmt seine Abhängigkeit von Videospielen zu, und er nimmt Zuflucht im Spielen, damit er das Gefühl haben kann, von irgendeinem Nutzen zu sein. Spielen am Computer bleibt dann noch die einzige Möglichkeit, sich wichtig und einer Gemeinschaft zugehörig zu fühlen – kurzum: sich lebendig zu fühlen.

Früher trieb die Einsamkeit Menschen aus dem Haus, um andere Menschen zu treffen. Heutzutage führt sie Jungs an den Computer, weil er der Ort ist, an dem sie Gesellschaft finden. Das Bedürfnis nach Zugehörigkeit ist zwar nicht verschwunden, aber die Lösungen sind andere geworden. Und wie jede übermäßig beanspruchte Abhilfemaßnahme sind diese Lösungen zum Problem geworden.

Nicht alle Jungen, die Videospiele spielen, entwickeln eine Abhängigkeit – auch nicht solche Gamer, die tagaus tagein spielen. Eine echte Abhängigkeit geht meistens zurück auf eine Anhäufung von Schamerfahrungen: Soziale oder schulische Misserfolge, Zurückweisung oder hohe Standards an sich selbst führen dazu, dass das Kind sich als nicht gut genug, als wertlos und verzweifelt wahrnimmt.

Rein äußerlich gehen Jungs mit Videospielen genauso um wie mit anderen Freizeitbeschäftigungen, und in den meisten Fällen sehen das die Eltern auch so. Doch unversehens werden Computerspiele für die Gamer zu einer Lebensstütze, mit deren Hilfe sie ihre Alltagsprobleme bewältigen. Wie bei anderen Abhängigkeiten, etwa der Spiel- oder Sexsucht, flüchten sich diese Jungen in die Computerwelt, um mit sich zufrieden sein zu können, um den Härten des Lebens zu entgehen und um Kummer und Schmerz zu verarbeiten.

Im tiefsten Inneren lernen sie, dass Videospiele die Antwort auf Leiderfahrungen sind (Szalavitz, 2017).

Diese Sichtweise hemmt und verhindert sogar andere Arten des Lernens. Jungen geben sich keine realen Chancen, sich mit den Schwierigkeiten des Lebens (Langeweile, Scheitern, körperliche Einschränkungen, Schmerz oder Angst) auseinanderzusetzen; stattdessen schalten sie beim leisesten Verdacht auf eine Widrigkeit den Computer an und starten ein neues Spiel.

Für Jungs, deren Vulnerabilität primär mit ihrem Selbstbild zusammenhängt, kann der Computer an und für sich zu einem kompletten Universum werden. Das ist insofern verständlich, als solche Jungen von Gleichaltrigen und Schulkameraden oft nicht akzeptiert werden und vor dem Kontakt zu anderen Kindern Angst haben; über Videospiele gelingt es ihnen, einen gewissen Grad an sozialer Bedeutung zu gewinnen. Wie könnte man dieser Aussicht widerstehen?

Abhängigkeit ist ein furchteinflößendes Wort; es ist konnotiert mit Drogen, Aggression und Alkoholismus und wird immer noch benutzt für Menschen »einer bestimmten Machart«. Doch realiter ist der Abhängigkeitsbegriff breitgefächert, und wenn Abhängigkeit früher als Krankheit gesehen wurde, wird sie heute eher als eine Verhaltensreaktion auf bestimmte Lebenssituationen verstanden.

Die meisten Jungen wissen, dass Videospiele ihnen schaden, aber mit dem Spielen aufhören können sie trotzdem nicht. Viele von ihnen überwinden schließlich ihre Abhängigkeit von Videospielen und reduzieren allmählich die am Computer verbrachte Zeit. Für andere Jungs wird die Entfremdung von der Welt allerdings so extrem, dass ihre Abhängigkeit von Computerspielen die Oberhand gewinnt und den Kurs ihres Lebens bestimmt.

Praktische Tipps: Veränderung im Lebensumfeld bewirken, damit der Kontakt zur Welt leichter wird

Die Eltern können ihren heranwachsenden Sohn nicht gewaltsam zur Schule bringen, unterstützen aber eine ungesunde Lebensweise, die vermeidendem Verhalten Vorschub leistet, wenn sie ihm jederzeit den Zugang zum Computer ermöglichen. Nur wenige Jungs bleiben ohne den digitalen Babysitter daheim. Von daher erleichtert der unbegrenzte Internetzugang die Abkoppelung der Jungen von sich selbst und anderen Menschen. Die Eltern ihrerseits haben Angst, dass die Sperrung des Computers, der ihrem Kind zum kompletten Universum geworden ist, seinen mentalen Zustand verschlimmert, seine Isolation verschärft und Depressionen verursacht. Sie sind auch besorgt, dass ihr Sohn als Vergeltung sich selbst oder anderen etwas antun könnte.

Die Zeit am Computer – auf respektvolle Weise – begrenzen
Wenn Sie beschließen, die Zeit Ihres Sohnes am Computer einzuschränken, sollten Sie das auf respektvolle Weise tun. Allzu oft sprechen die Eltern ein Machtwort, wenn sie wütend sind. Botschaften, die sie in solchen Situationen unabsichtlich verschicken, könnten so lauten:
- »Wir nehmen dir den Computer weg, weil du nichts aus deinem Leben machst!«
- »Du kannst den Computer wieder haben, wenn du endlich etwas aus dir machst.«
- »Du bist abhängig, deshalb nehmen wir dir den Computer weg!«

Versuchen Sie, stattdessen zu sagen:

»Seit langem entfernst du dich von dir selbst und von uns. Du bist uns wichtig. Wir können dich nicht zwingen, mit uns zusammen zu sein oder zur Schule zu gehen, aber wir können auch nicht billigen, was die Spiele mit dir und unserer Familie machen. Deshalb begrenzen wir die Zeit, die du am Computer verbringst. Aber wir wollen dir nicht weh tun.«

Wappnen Sie sich für die Vergeltung Ihres Sohnes
Wenige Jungen akzeptieren derlei Einschränkungen kampflos. Wenn die Internetzeit begrenzt wird, zeigen sie vielleicht plötzlich Aspekte ihrer Persönlichkeit, die bis dahin nicht so offensichtlich waren: jagen Ihnen vielleicht Angst ein oder werden aggressiv. Oder aber sie legen noch mehr ängstlich-vermeidende Verhaltensweisen an den Tag als zuvor.

> In solchen Situationen müssen die Eltern ihr Bestes tun, damit die Situation nicht weiter eskaliert. Sie sollten weiterhin so verhalten wie bis dahin, die Selbstkontrolle bewahren und unnötigen Streit mit ihrem Sohn vermeiden, selbst wenn er sie offen zu provozieren versucht: »Habt ihr geglaubt, dass ich jetzt Scheiße baue?! Vergesst es!«

Durch die Begrenzung der Internetzeit wird Ihr Sohn nicht sofort zu einem besseren Kommunikator und auch nicht das Bedürfnis verspüren, sich mit Freunden zu treffen und sinnvolle Lebensziele zu formulieren. Vielmehr hindern die Eltern, wenn sie die Bedingungen beseitigen, die eine Abkoppelung von der Welt ermöglichen, ihren Sohn daran, sich in eine kontraproduktive Lösung zu flüchten, die anfangs der Aufrechterhaltung des Problems gedient hat. Doch neben dieser vorbeugenden Maßnahme sollten sie ihm Mut zusprechen, damit er sich mit Erfahrungen auseinandersetzen kann, vor denen er Angst hat und an denen er verzweifelt ist. Dieser Prozess ist ein langsamer und kann und sollte nicht erzwungen werden, denn er verlangt viel Geduld, Sensibilität und Kraft.

Zum Angstgefühl gesellt sich die Scham

Vermeidendes Verhalten ist meistens mit einer Angststörung verbunden: Der Junge stellt fest, dass er Angst hat, und möchte ihr entkommen. Je höher der Angstpegel, desto stärker ist die Tendenz zur Vermeidung und entsprechend eingegrenzter die Begegnung des Jungen mit dem Leben.

Angst wiederum bringt tendenziell Angst vor der Angst hervor, das heißt gesteigerte Sensibilität und mangelnde Toleranz gegenüber Angsterfahrungen. Der Junge ist permanent auf der Hut, überwacht sich selbst hinsichtlich seiner Angst und verschlimmert dadurch dieses Gefühl. Eine solche Sicht auf die Welt macht diese zu einem gefährlichen und prekären Ort, den es zu meiden gilt, so gut es geht.

Viele weltentrückte Jungen sind tatsächlich ängstlich, aber die oben beschriebene emotionale Haltung scheint nicht auf Angst vor der Angst zurückzugehen, sondern auf die Angst, sich minderwertig oder unterlegen zu fühlen – dieses Gefühl hat, wie in den vorangegangenen Kapiteln diskutiert, seinen Ursprung im Schamerleben.

Aufgrund einer solchen Mischung aus Angst und Scham ist es besonders schwierig, Jungen dazu zu motivieren, ihr Versteck zu verlassen; denn Angst führt zur Vermeidung und Scham zur Weigerung zu kooperieren. Die üblichen Behandlungsweisen von Angst (kleine Schritte, Problemlösung, Erstellung eines strukturierten Plans) sind nicht wirksam, wenn es um einen Widerstand geht, der auf Scham zurückzuführen ist. Doch viele Programme, die Jungs helfen sollen, wieder in die Spur zu kommen, also die Schule zu besuchen, wieder zu arbeiten, sich an außerschulischen Aktivitäten zu beteiligen usw., arbeiten auf Basis der akzeptierten Auffassung des Jungen und schlagen folglich – eins nach dem anderen – fehl.

Außerdem steht jede Weigerung, die aus Schamerleben entsteht, in Verbindung mit dem Wunsch des Jungen, in einer Welt zu leben, in der es keinen Erwartungsdruck gibt. Da jeder strukturierte Plan Erwartungen mit sich bringt, wird er von Anfang an von dem Jungen zurückgewiesen.

Schwierigkeiten im Umgang mit Herausforderung, Leiden und gefühlter Minderwertigkeit

Es besteht ein direkter Zusammenhang zwischen der Entfremdung eines Jungen und seinem Rückzugsverhalten einerseits und der Abnahme seiner Fähigkeit, generell mit Schwierigkeiten umzugehen, andererseits. Bei Jungen sind die vermeidenden Verhaltensweisen darauf zurückzuführen, dass sie sich für unfähig halten, die Herausforderungen des Lebens zu meistern, und ihrer Ansicht nach nicht über die mentalen, emotionalen oder physischen Fähigkeiten verfügen, mit diesen Herausforderungen wirkungsvoll umzugehen. Jungs geben den Gefühlen von Schwäche und Minderwertigkeit, die direkt aus dem Schamerleben heraus entstehen, nach und verlieren das Vertrauen in sich, weil sie glauben, dass sie scheitern werden, was immer sie auch tun, und deshalb ein Versuch sinnlos ist.

> THERAPEUT: »Was ist im Kampfsportunterricht passiert?«
> LEO (13 Jahre): »Ich ging da nicht hin ...«

Therapeut: »Hat dir etwas Sorgen bereitet? War etwas nicht in Ordnung?«
Leo: »Nein, ich hatte einfach keine Lust dazu.«

Natürlich können Jungen andere (oder sich selbst) nicht wissen lassen, dass sie sich verletzbar und schlecht gerüstet fühlen, mit dem Unvertrauten umzugehen, und dass sie sich in unterschiedlichsten Situationen minderwertig fühlen. Stattdessen antworten sie mit einem lakonischen »Ich wollte nicht«, »Ich hatte keine Lust« oder »Es ist langweilig«.

Manche Eltern erkennen den Leidensdruck ihres Sohnes und versuchen, ihn abzumildern, indem sie weniger Anforderungen an den Jungen stellen, als es seinem Alter normalerweise entsprechen würde. Wenn die Eltern Ansprüche und Erwartungen formulieren, sollten sie immer sensibel auf die Fähigkeiten ihres Kindes eingehen, denn wenn sie ihren Sohn vor belastenden Erfahrungen abschirmen, kann sich das negativ auf seine Resilienz im Umgang mit Widrigkeiten auswirken.

> **Praktischer Tipp:** Jungs fördern, die eigenen Fähigkeiten zu entdecken und sich besser kennenzulernen
>
> Wenn Sie respektvoll darauf beharren, dass Ihr Sohn eine Tätigkeit ausführt, die er nicht mag – sei es den Hund ausführen, zum Schulunterricht gehen, eine Arbeit im Haushalt verrichten –, hat das einen Wert an und für sich, selbst wenn er sich dagegen sperrt. Lassen Sie sich durch seine Klagen nicht davon abbringen: Wenn Sie ihm Ihre Entschlossenheit zeigen, teilen Sie Ihrem Sohn mit, dass Sie an ihn glauben. Außerdem müssen Sie eine Situation schaffen, die nicht vergnüglich sein muss, ihm aber ermöglicht, etwas über sich zu lernen. Beharrlichkeit ist nicht gleich Zwang und impliziert nicht, dass Sie Macht über Ihren Sohn ausüben wollen. Sie lassen sich auch nicht auf einen Machtkampf ein, sondern sind eher darum bemüht, Ihrem Sohn ängstlich-vermeidendes Verhalten und Entfremdung zu ersparen.

Viele Jungen fürchten sich vor Schwierigkeiten, weil sie diese als böses Omen deuten, wenn sie einmal einen Misserfolg erlebt haben.

Insofern, als Jungen bei allem einen sofortigen und leichten Erfolg erwarten, haben sie Angst davor, dass ein Problem ein Hinweis darauf ist, dass die Dinge nicht in die richtige Richtung laufen. In der Folge versuchen sie, Schwierigkeiten um jeden Preis zu umgehen. Die Aufgabe der Eltern ist es, diese Haltung zu hinterfragen – nicht dadurch, dass sie ihren Sohn kritisieren (»Du machst nie etwas Nützliches!«), sondern indem sie entschlossen und beharrlich konstruktives Handeln von ihm verlangen und Müßiggang zurückweisen.

Die Angst vor Erwartungen und Enttäuschungen

Die heutige von Jungs bewohnte Welt ist komplex und verwirrend. Einerseits stellen viele Familien geringere Anforderungen an Jungen, als das früher der Fall war. Andererseits werden sie unaufhörlich mit kulturellen Botschaften bombardiert, dass das »einfache Leben« nichts wert und verachtungswürdig ist und nur der große Erfolg zählt (Brown, 2012).

> ELTERN: »Er geht so hart mit sich um …«
> THERAPEUT: »Das stimmt, er stellt sehr hohe Erwartungen an sich.«
> ELTERN: »Aber wir sagen ihm immer, dass Noten uns nicht interessieren!«
> THERAPEUT: »Kinder können aus vielerlei Gründen hohe Erwartungen an sich entwickeln. Sie übernehmen nicht unbedingt die Position ihrer Eltern in dieser Hinsicht.«

Weder Jungs noch deren Eltern sind sich vielleicht bewusst, dass moderne kulturelle Standards nach kometenhaftem Erfolg verlangen, harte Arbeit für lächerlich halten und generell die Welt in Gewinner und Verlierer einteilen. Doch Jungs internalisieren diese Werte unwissentlich, wodurch sie Erwartungen an sich selbst aufbauen, die ihren Fähigkeiten oft nicht entsprechen (und de facto auch nicht denen anderer Menschen), und wiederholt Erfahrungen des Scheiterns heraufbeschwören. Und je höher und rigider die Erwartungen sind, desto vulnerabler wird ein Junge gegenüber Schamgefühlen.

Die Emotion der Scham entsteht, wenn man sich auf eine Weise verhält, die den eigenen Erwartungen oder denjenigen aus dem sozialen Umfeld nicht entspricht (Lewis, 1971). Wenn wir uns schämen, empfinden wir uns als minderwertig, wertlos oder für nicht gut genug. Wir haben das Gefühl, für andere und für uns selbst eine Enttäuschung zu sein. Jungen, die sehr intensive Schamgefühle erleben, haben eine Vorgeschichte, in der sie die eigenen Erwartungen und diejenigen anderer Menschen nicht erfüllen. Als Konsequenz vermeiden sie jede Situation, in der sie das Objekt der Hoffnung eines anderen Menschen sind.

Jungs antworten dann auf das Problem des Erwartungsdrucks und der Enttäuschungen mit Vermeidungsverhalten: Wenn man nicht Teil des »Spiels« ist, kann man weder verlieren noch geschlagen werden. Von der Welt abgekoppelte Jungs übernehmen die Rolle von Zuschauern im Spiel des Lebens; sie verharren auf dem Rücksitz, von dem aus sie kaum sehen können, was sich auf dem Spielfeld ereignet.

Die Angst, gesehen zu werden

In früheren Zeiten blieb ängstlich-vermeidenden Jungen, wenn sie in ihren vier Wänden verharrten, fast nur die Möglichkeit, sich mit ihren Ängsten, Vulnerabilitäten und Befürchtungen, von anderen beurteilt zu werden, auseinanderzusetzen. Hinauszugehen in die Welt war für sie auf keinen Fall leicht und forderte einen emotionalen Tribut, aber gleichzeitig konnten sie dadurch ihre Bewältigungsfähigkeiten und ihre Kompetenz, Zugang zu anderen Menschen zu erlangen, verbessern. Viele Väter von Jungen mit Vermeidungstendenzen stellen fest, dass sie in ihrer eigenen Kindheit ähnliche Muster zeigten:

> VATER: »Ich erinnere mich, dass ich als Kind auch daheimbleiben wollte, aber ich musste aus dem Haus gehen.«
> THERAPEUT: »Wie das?«
> VATER: »«Daheim war es langweilig, alle Kinder spielten draußen, ich wollte bei ihnen sein. Ich wollte dazugehören.«
> THERAPEUT: »Heute kann man auf sichere Weise zu anderen Kindern Kontakt aufnehmen, ohne dass man andere menschliche Wesen

zu Gesicht bekommt. Doch leider kann durch diese Möglichkeit die Entwicklung einer ganzen Reihe zwischenmenschlicher Fertigkeiten gehemmt werden.«

Ängstlich-vermeidende und entfremdete Jungen scheuen das soziale Umfeld, schreiben aber zugleich ihrer Umgebung eine enorme Macht zu, über ihren Wert als Persönlichkeit zu bestimmen. Obwohl sie sich scheinbar nicht dafür interessieren, was andere tun oder denken, ist ihnen dies im Grunde überaus wichtig. Wenn ein solcher Junge sich in Gesellschaft mit anderen befindet, konzentriert er sich permanent auf die Überlegung, was sie über ihn denken könnten, und zieht meistens den Schluss, dass die Meinungen über ihn einheitlich nachteilig sind. Er hat das Gefühl, ein wandelnder Scherz zu sein, ein Objekt der Lächerlichkeit und dass es nur folgerichtig ist, sich zu verstecken und zu verschwinden.

Schamgefühle geben uns Auskunft über unseren sozialen Status, wodurch wir besonders dünnhäutig gegenüber Reaktionen anderer Menschen werden. Jungs, die ihre Scham nur schwerlich regulieren können, sind immer bereit, sich zu verstecken. Genauso wie Adam und Eva sich ihrer Nacktheit bewusst wurden, nachdem sie die Früchte von dem verbotenen Baum gegessen hatten, und in Deckung rannten, versuchen ängstlich-vermeidende Jungen permanent, sich den Blicken anderer Menschen zu entziehen und sich zu verstecken.

> TOBIAS (14 Jahre): »Ich habe diese Woche nichts gemacht. Ich sagte meinen Eltern, ich würde nicht mit ihnen zu Großmutter gehen, und sogar als sie mir anboten, ins Kino zu gehen, ich hatte einfach keine Lust, und auch als sie das Kaufhaus vorschlugen ...«
> THERAPEUT: »Du wolltest nicht ins Kaufhaus, weil ...«
> TOBIAS: »Ich will nicht, dass Leute mich anstarren.«
> THERAPEUT: »Und du willst nicht, dass Leute dich sehen, weil ...«
> TOBIAS: »Ich weiß nicht.«
> THERAPEUT: »Würdest du dir lächerlich vorkommen, wenn jemand dich sehen würde?«
> TOBIAS: »Ja, irgendwas in der Art ...«

Reflexionsfragen Glauben Sie, dass Ihr Sohn sich in der Öffentlichkeit lächerlich vorkommt? Wie stark, glauben Sie, könnte dieses Gefühl sein, wenn Sie es auf einer Skala von 1 bis 5 einordnen müssten?

Jungen, die sensibel auf empfundene Überwachung reagieren, versuchen, sich zu verstecken, aber ironischerweise – und vielleicht tragischerweise – werden sie genau durch diesen Impuls deutlich sichtbar und ziehen beurteilende Blicke auf sich:

ELTERN: »Er läuft im Sommer mit einer Kapuze herum.«
THERAPEUT: »Er versucht, sich vor anderen zu verstecken, nicht gesehen zu werden ...«
ELTERN: »Ja, genau wie ein Strauß ...«
THERAPEUT: »Und er hat eine sehr schlechte Strategie gewählt, glauben Sie nicht? Genau seine Versuche, sich zu verstecken, heben ihn aus anderen heraus, und alle – schauen auf ihn. Er will unsichtbar sein, aber stattdessen läuft er herum, als ob ein Scheinwerfer mit ihm wandern würde.«

Praktischer Tipp: Langsame Konfrontation

Wenn die Eltern dem Wunsch ihres Sohnes, zu verschwinden, unsichtbar zu werden und sich von seinem Umfeld abzukoppeln, Respekt zollen, stärken sie unwissentlich die Macht der Scham über seine Psyche. Mit der Zeit wird der Abkoppelungsprozess so intensiv, dass der Junge sich ihm allein fast unmöglich entziehen kann. Manchmal binden die Eltern andere Menschen ein, die sich um das Wohlergehen des Jungen sorgen (Verwandte, Schulpersonal, Freunde), und hoffen darauf, dass sie eine Verbindung zu ihrem Sohn herstellen können. Doch sie alle werden allzu rasch entmutigt, wenn sie feststellen, dass das Kind durch persönliche Begegnungen nicht aus der Falle der selbstauferlegten Einsamkeit und Isolation zu retten ist.

Auch wenn derlei Bemühungen vielleicht noch nicht ausreichen, um das Kind zu motivieren, sofort wieder zur Schule zu gehen, so sind persönliche Begegnungen trotzdem sehr wichtig, weil sie dem

Jungen Konfrontationserlebnisse ermöglichen und ihn allmählich daran gewöhnen, »gesehen zu werden«. In der Gesamtwirkung vieler solcher Erfahrungen hilft es ihm, seine Scham und Angst und folglich auch sein Unbehagen, unter Menschen zu sein, zu reduzieren. Was die Häufigkeit und Dauer von Konfrontationserlebnissen angeht, gibt es keine Standardlösung, aber der gesunde Menschenverstand sagt einem, dass man die Sache langsam angehen sollte. Menschen, die mit dem Kind zusammenkommen, sollten Folgendes im Hinterkopf behalten:

- Für den Jungen ist die Begegnung an sich schon wohltuend.
- Ihre Aufgabe ist es nicht, eine Lösung für die Situation zu finden, sondern nur einen Kontakt herzustellen.
- Wenn der Junge sie nicht sehen will, sollten sie das nicht persönlich nehmen und sich auch nicht beleidigt fühlen.
- Der Prozess erfordert Zeit und Geduld.

Hör auf, Gott zu spielen!

Paradoxerweise versteckt sich hinter dem Gefühl eines Jungen, wertlos zu sein und sich schämen zu müssen, manchmal eine aufgeblähte Selbstgefälligkeit: Während ängstlich-vermeidende Jungs sich auf der bewussten Ebene als untauglich und unbedeutend empfinden, sehen sie sich in ihrem tiefsten Inneren in Status und geistiger Größe anderen überlegen – weshalb sonst sollte jeder auf sie starren wollen?

THERAPEUT: »Deine Eltern haben erzählt, dass sie für dich einen privaten Sportlehrer angeheuert haben.«
LEON (15 Jahre): »Ja, wir machen Fitnesstraining, aber ich wollte nicht im Park joggen, wie er vorgeschlagen hat.«
THERAPEUT: »Warum nicht?«
LEON: »Ich weiß nicht, ich war nicht entspannt unter all den Leuten, die mich angeschaut haben, und all ...«
THERAPEUT: »Leon, ich habe eine seltsame Bitte an dich.«
LEON: »Was für eine?«
THERAPEUT: »Willst du ein einfaches menschliches Wesen sein, oder willst du weiterhin Herrgott spielen?«

LEON: »Wie meinen Sie das? Ich habe wirklich nicht das Gefühl, ein Herrgott zu sein! Genau das Gegenteil ist der Fall, so, bin total unsicher!«

THERAPEUT: »Ich weiß nicht ... einerseits fühlst du dich anscheinend tatsächlich unsicher, aber andererseits scheinst du wirklich wichtig zu sein; du glaubst, wenn du im Park joggst, stellen alle ihre Aktivitäten ein, um dich anzuschauen. Die anderen Jogger hören auf zu joggen, die Radfahrer hören auf zu treten, die Familien beim Picknick hören auf zu essen, alle tun nur das Eine – dich anschauen. Das meine ich, wenn ich sage, Herrgott spielen ...«

LEON (lächelt): »So ist das nicht ...«

THERAPEUT: »Mehr noch ... nicht nur schaut jeder dich an, sondern wenn du fort bist, nehmen sie ihre Aktivitäten von vorher nicht so rasch wieder auf: Sie denken über dich nach! Nichts anderes interessiert sie, sie denken nur an dich!«

LEON (lächelt): »Sie übertreiben ...«

THERAPEUT: »Ja, ein bisschen schon, gebe ich zu. Doch die Frage ist immer noch: Willst du ein einfaches menschliches Wesen sein – eins, das die Menschen anschauen und eine Sekunde später vergessen haben –, oder willst du dich weiterhin als jemand ganz Besonderes, fast Gottähnliches behandeln?«

Sich vor wem verstecken?

Wenn wir uns aufgrund von Schamgefühlen ausgesetzt, nackt und verletzbar fühlen, wird der Selbstschutz unser vordringlichstes Ziel (Morrison, 2014). In solchen Situationen sind es aber nicht unbedingt negative Reaktionen, wenn man sich versteckt oder etwas vermeidet: Manchmal müssen wir tatsächlich einen sicheren Hafen finden, in dem wir unsere Fassung wiedergewinnen und eine sichere Distanz zu denjenigen halten können, die zu unserem Schamerleben beigetragen haben.

Man kann aber nicht einfach jeder aufkommenden Versuchung, sich zu verstecken, nachgeben, weil durch die selbstauferlegte Isolation die Macht der Scham über das emotionale Leben eines Menschen gestärkt wird. Jungen müssen lernen, diesen Impuls zu bewältigen, weil ansonsten ein gefährlicher Kreislauf beginnt: In dem

Maß, in dem das Zuhause-Bleiben den inneren Frieden sichert und einen vor unangenehmen Emotionen schützt, wird man allmählich süchtig nach Einsamkeit. In Reaktion auf jedes emotionale Unbehagen, seien es fehlendes Zugehörigkeitsgefühl, das Gefühl von Statusverlust, Verlegenheit oder Minderwertigkeitsgefühle, wird der Junge sich immer für die Flucht vor dem entscheiden, was er als feindliches Umfeld empfindet. Am Ende wird das Zuhause, einst ein Ort der Sicherheit, zu einer Falle, aus der er nicht mehr herauskommt. Während er das Gefühl hat, andere Menschen freiwillig aus dem Weg gehen zu können, verliert er Schritt für Schritt seine Entscheidungsfreiheit – bis zu dem Punkt, an dem er keine menschlichen Kontakte mehr finden kann, selbst wenn er das wollte. Das Zuhause wird zu einer Festung, der er nicht mehr entkommen kann.

Wenn wir in den Fängen der Scham sind, ist die Verborgenheit ein zweischneidiges Schwert: Wir wollen uns nicht nur vor der Welt verstecken, sondern auch vor uns selbst. Was genau ist es, was wir so begierig verstecken möchten? Gefühle, Gedanken und Bedürfnisse, die uns aus unserer Sicht schwach, minderwertig oder fehlerhaft aussehen lassen? Wir sind uns im Allgemeinen zwar darüber bewusst, wenn wir Menschen in unserem Umfeld Informationen verschweigen, wissen aber nicht viel über den Prozess, der uns blind macht für Gedanken und Gefühle, die mit Scham verbunden sind.

> THERAPEUT: »Manchmal kommt es mir vor, als ob du den Kontakt nicht nur zu den anderen verloren hast, sondern auch zu dir selbst.«
> JACOB (17 Jahre): »Wie meinen Sie das?«
> THERAPEUT: »Du weißt nicht mehr, was du willst, du weißt nicht, wie du dich fühlst ...«
> JACOB: »Was ist verkehrt daran?«

Jungs realisieren nicht sofort den Schaden, den sie durch ihre Loslösung vom eigenen Selbst anrichten: Sie kennen vor allem die vielen lohnenswerten Nebenprodukte dieses Prozesses, zu denen in erster Linie die Abwesenheit unangenehmer Gefühle oder Gedanken gehört. Das Leben hinter einem Bildschirm ist faszinierend und verlockend, während die Konfrontation mit anderen Menschen oder mit sich selbst eine unsichere Sache ist.

Ehrlichkeit und Vertrautheit als Heilmittel gegen Entfremdung

Jungs, deren Leben von Schamgefühlen bestimmt ist, leben in einer Welt, die sie als voll an Selbst- und Fremdkritik empfinden. Sie klinken sich aus vielen Aktivitäten aus, um unerwünschte Gefühle, Erwartungen und Enttäuschungen zu vermeiden, und werden infolgedessen von den Menschen in ihrem Umfeld bewertet und verspottet. Je stärker der Junge von sich selbst abgekoppelt ist, desto schlechter kann er seine Gefühle, Gedanken und Empfindungen erkennen und sortieren – und am Ende nimmt er diese als immer gefährlicher wahr.

Die Verbindung zu anderen Menschen stellt sich ein, wenn der Junge seine echten Gefühle artikulieren und mitteilen kann und glaubt, der andere verstehe ihn. Das ist das wirksamste Heilmittel gegen die Abkoppelung, denn Kooperation und Vertrautheit sind ein Gegengift gegen Schamerleben (Brown, 2017). Leider wird der Junge durch die Entfremdung von seinem Umfeld an solchen Erfahrungen gehindert. Dann braucht er Zeit, Entschlossenheit und Anstrengung, damit er sich wieder an solche Erfahrungen gewöhnen kann.

> PHILIP (16 Jahre): »Ich weiß nicht, was ich will.«
> THERAPEUT: »Wenn wir nicht in Kontakt zu unseren Emotionen sind, können wir nur schwerlich wissen, was wir wollen.«
> PHILIP: »Also, wie kommt man in Kontakt zu diesen Emotionen?«
> THERAPEUT: »Indem man ehrlich mit sich ist, genauso wie du jetzt mit mir, im Moment.«

Jungen können nur schwer erkennen, wann sie ehrlich mit sich sind, und brauchen andere, die ihnen Rückmeldung geben.

> PATRIK (15 Jahre): »Ich weiß nicht, was ich fühle.«
> THERAPEUT: »Es ist gut, dass du das eingestehst.«
> PATRIK: »Inwiefern hilft das?«

THERAPEUT: »Genau die Tatsache, dass du das hier sagst, bei mir, jetzt im Moment, sagt mir, dass du zu deinen Gefühlen in Kontakt kommst, und das ist ein großartiger Anfang.«

Praktischer Tipp: Geschwister als Akteure der Kontaktaufnahme

Brüder und Schwestern eines ängstlich-vermeidenden Jungen sind in einer außerordentlich guten Position, um Veränderung zu befördern. In vielen Fällen sind sie da erfolgreich, wo andere Personen, Mediziner oder Therapeutinnen eingeschlossen, gescheitert sind. Sie können ihren Bruder dazu ermuntern, gemeinsam spazieren zu gehen; sie können ihm helfen, mit schulischen Herausforderungen zurecht zu kommen; sie können ihn zum Lachen bringen; und, was besonders wichtig ist: sie können ihm zuhören. Interaktionen mit Geschwistern scheinen weniger Schamgefühle hervorzurufen als solche mit Eltern oder Freundinnen.

Entschlossenheit, Geduld und Vertrauen

Die Regeneration von Abkoppelung und Entfremdung stellt einen schleppenden und mühseligen Prozess mit Höhen und Tiefen, Momenten der Hoffnung, aber auch der Verzweiflung und Hilflosigkeit dar. Der Weg zur Erholung erfordert große Geduld, die in unserem Zeitalter sofortiger Lösungen ein seltenes Gut geworden ist. Viele Eltern wissen das nicht und geben verzweifelt auf, weil sie annehmen, dass sie keinen Einfluss auf ihren Sohn haben können. Sie müssen jedoch verstehen, dass sich die Isolationsdynamik beschleunigt und der Zustand ihres Kindes sich verschlechtert, sobald sie aufgeben. Also ist der Abbruch ihrer Bemühungen keine Option. Wenn der Junge wieder Zugang zu seiner Familie, zu Freunden und zur Schule erlangen soll, sind die folgenden Schritte notwendig:
- Ein Umfeld aufbauen, in dem wieder Verbindungen aufgenommen werden können.
- Erfahrungen anbieten, mit deren Hilfe der Junge in Kontakt mit sich selbst kommen kann.
- Den Jungen in seiner Identität als Schüler weiterhin unterstützen.

- Ihn in Gespräche einbeziehen, die »den Moment lösen« (siehe Kap. 2, S. 59) und Nähe begünstigen.
- Den Jungen allmählich mit Erfahrungen des »Gesehen-Werdens« konfrontieren.
- Geschwister als Akteure der Kontaktaufnahme mobilisieren.

Auf jeden Fall muss man wissen, dass auch sehr erfolgreiche Veränderungsprozesse voller Rückschläge sind. Die Muster der Weltentfremdung, Abschottung und Vermeidung verschwinden nicht einfach; sie lauern und sind beharrlich, und zwar so sehr, dass selbst eine minimale Erfahrung des Scheiterns einen Rückschlag heraufbeschwören und eine Gedankenkette auslösen kann, die den Jungen zurück in sein Versteck lockt.

In erster Linie muss dafür gesorgt werden, dass man die Wiederkehr dieser Verhaltensmuster antizipiert und sich darauf vorbereitet. Erstens: Es gibt keinen Grund zur Panik (»Oh je, oh je, er verlässt sein Zimmer schon wieder nicht!«). Zweitens: Geben Sie Ihrem Sohn keine Chance, die Hoffnung aufzugeben und entmutigt zu sein (»Ich hab' dir doch gesagt, dass ich eine Gurke bin, was für eine vergeudete Mühe!«).

Schlussendlich können Jungs die wichtigste Lektion daraus lernen, dass die Bewältigung von Rückschlägen und Misserfolgen gelingen kann; denn ein Leben ohne Fehler ist weder möglich noch wünschenswert. Wenn sie danach streben, sich aus der selbstauferlegten Abschottung zu befreien, lernen sie, sich als unvollkommene menschliche Wesen zu akzeptieren, die Minderwertigkeit und mangelnde Zugehörigkeit erfahren können und de facto auch tun. Sie lernen, dass Leiderfahrungen unvermeidlich sind, und erleben, dass sie keine Versager sind, sondern nur Menschen.

IV Vom Feind zum Verbündeten: Videospiele als Chance für Wachstum und Entwicklung

Aus Sicht der Eltern sind Videospiele der Feind ihres Sohnes; aus Sicht der Jungs dagegen ist das Spielen am Computer die Hauptquelle der Behaglichkeit. Eine solch große Kluft in den Wahrnehmungen ist nicht leicht zu überbrücken:

> ELTERN: »Er spielt den lieben langen Tag am Computer!«
> THERAPEUT: »Ist er auch an anderen Dingen interessiert?«
> ELTERN: »Nein, er kümmert sich nur ums Spielen!«
> THERAPEUT: »Ja, das ist die größte Herausforderung für Eltern in unserer Generation – Jungs beizubringen, wie sie Videospiele in ihr Leben integrieren können.«

Spielen war schon immer eine Entlastung von den Mühen und Leiden, die zum Erwachsenwerden dazugehören. Wenn wir Spiele spielen, lernen wir, mit diesen Herausforderungen effizienter umzugehen, während wir beim Spielen eine Pause einlegen können, um die Batterie wieder aufzuladen und Energie zu sammeln, um das komplizierteste Spiel in Angriff zu nehmen: das Leben.

> **Reflexionsfragen** Was fällt Ihnen als Erstes ein, wenn Sie ans Spiele spielen denken? Weshalb erinnern Sie sich an diese Momente?

Computerspiele sind kein Kinderspiel

Das Spiel ist ein Schlüsselelement in der Entwicklung von Lebewesen und insbesondere von Menschen. Inzwischen ist bekannt, dass Spielen ein Verhaltensmuster ist, das sich bei vielen Tierarten entwickelt hat, um das Überleben zu sichern. Spielen erleichtert Lernen und hilft Tieren, sich an ihre Umgebung anzupassen. Bei Säugetieren fördert es auch eine Reihe von sozialen Verhaltensweisen, die wichtig sind für ein erfolgreiches Gruppenleben (Eberle, 2014).

Der Begriff Spiel ist nur schwer exakt zu definieren, aber ein paar Merkmale sind den meisten Definitionen eigen (Brown, 2009).

- Spielen ist eine Aktivität, die um ihrer selbst willen ausgeübt wird – in seiner Reinform hat ein Spiel keinen fremden Zweck und ist auch kein Mittel, einen solchen Zweck zu erreichen; das Spiel an und für sich ist sein eigenes Ziel.
- Es ist freiwillig – wir betreiben ein Spiel aus freien Stücken. Wenn eine Person meint, dass ihr das Spiel aufgezwungen wird, dann spielt sie nicht richtig.
- Es ist interessant – das Spiel ist eine lustige Beschäftigung, spannend und unterhaltsam; es zerstreut unter anderem die Langeweile.
- Es befreit uns von der Last der Zeit – wenn wir spielen, verliert das Verhältnis zur Zeit an Bedeutung. Auch wenn wir wissen, dass die Uhr permanent tickt, wird sie im Geiste angehalten und steht während des Spielens still.
- Spielen verringert die Selbstwahrnehmung – genauso wie wir uns nicht mehr der Zeit bewusst sind, geben wir auch einen Teil unserer Selbstbewusstheit auf. Unsere ganze Aufmerksamkeit ist nach außen auf das Spiel gerichtet, das deshalb als nicht erlebtes Erleben beschrieben werden kann.
- Es hat das Potenzial zur Improvisation – das Spiel besitzt ein Element der Unsicherheit, das neue Wege des Handelns und Möglichkeiten kreativer Lösungen eröffnet.
- Es ist vergnüglich, und deshalb wollen wir weiterspielen – wenn wir spielen, bekommen wir positive Verstärkung, ähnlich einer Antwort von anderen Menschen, wenn wir eine gute Tat vollbracht haben.

In gewisser Weise haben Videospiele Ähnlichkeit mit traditionellen Spielen, aber sie unterscheiden sich auch in vielerlei Hinsicht von ihnen. Das Gefühl, wenn wir in ein Computerspiel eintauchen, ist nicht dasselbe, wie wenn wir beispielsweise Monopoly, Dame oder Fußball spielen. Die in Videospielen gewonnene Erfahrung ist weitaus mächtiger als das Erleben, das ein traditionelles Spiel jemals bieten könnte: Diese Intensität kann wohltuend sein und zu unserem inneren Wachstum beitragen, sie kann aber auch nachteilig sein und unsere Entwicklung zum Stillstand bringen.

In der Wissenschaft beginnt man gerade erst zu verstehen, wie das Spielen am Computer unser Leben beeinträchtigen und gestalten kann (Thompson, 2013). Wir sind bereits Zeugen, wie Jungen Videospiele als ihre vorrangige Kommunikationsplattform benutzen. Es besteht keinerlei Zweifel daran, dass Computerspiele in Zukunft ein wichtiges Instrument zum Lernen, für Entwicklung und positiven Wandel sein werden. Doch zum jetzigen Zeitpunkt nehmen viele Jungen dadurch Schaden.

Ein Blick auf die obige Liste von Merkmalen, die das Spielen von anderen Aktivitäten unterscheidet, zeigt, dass ein Zuviel an solchen Beschäftigungen die Entwicklung des Kindes potenziell hemmen kann:

- Spielen um des Spielens willen – Der übermäßige Computergebrauch hat ein klares Ziel: Flucht aus der Wirklichkeit, das heißt, die Aufmerksamkeit des Gamers von den Herausforderungen des Lebens abzulenken.
- Freiwilligkeit – Auch wenn der Junge sich frei entscheiden kann, ob er ein Videospiel spielt oder nicht, ist seine Entscheidung eigentlich nicht frei: Er wird getrieben von einer Macht oder einem Zwang, sodass dieser Art von Spielen ein Element der Nötigung innewohnt.
- Interessantheit – der mit Videospielen verbundene Nervenkitzel nimmt anderen Aktivitäten ihren Reiz weg, sodass der Junge Alltagsbeschäftigungen schließlich als ereignislos und langweilig empfindet.
- Freiheit von den belastenden Zwängen der Zeit – Computerspiele sind enorm zeitaufwändig. In dieser Hinsicht kann es tatsächlich kein anderes Spiel in der Geschichte der Menschheit damit aufnehmen. Viele Jungs verbringen die meiste Zeit ihres Wachseins mit Videospielen und verlieren als Konsequenz nicht nur ihr Zeitgefühl, sondern sie berauben sich auch wertvoller Möglichkeiten, die zu sinnvoller Arbeit und Errungenschaften hätten führen können.
- Verringerte Selbstwahrnehmung – Zu den mit Videospielen

verbundenen Problemen gehört, dass sie mit der Gefahr der Weltabkoppelung einhergehen: Der Junge verliert höchstwahrscheinlich den Kontakt zu verschiedenen Aspekten seines eigenen Selbst. In diesem Prozess verliert er auch die Sicht auf seine Bedürfnisse und Gefühle wie auch auf einen Großteil seiner Selbstwahrnehmung; und dies wiederum schmälert seine Fähigkeit der Emotionsregulierung.

- Potenzial für Improvisation – Auch wenn Videospiele einen Jungen dazu anregen können, neue und kreative Weisen des Spielens zu entdecken, scheint sich sehr wenig des Erlernten auf andere Bereiche seines Lebens zu übertragen. Außerdem verringert sich bei vielen Jungen, die über lange Zeiträume am Computer spielen, ihre Kreativität, und sie sind gehemmt, wenn sie es mit Alltagssituationen zu tun haben.
- Der Drang zur endlosen Fortsetzung des Spiels – Videospiele verlangen eine eigene Rationalität und erzeugen eine Dynamik, der es fast unmöglich zu entkommen ist. Der Impuls zum Weiterspielen ist so stark, dass der Junge, selbst wenn er gerade nicht am Computer sitzt, die ganze Zeit an das Videospiel denkt. Das Verlangen nach Gaming überflutet das Bewusstsein des Jungen und hindert ihn daran, sich an anderen Aktivitäten zu erfreuen.

Eltern, die mit Technologie vertraut sind und diese Effekte von Internetspielen kennen, verbieten ihren Kindern zu spielen. So verbot beispielsweise Steve Jobs, Gründer von Apple und deren CEO, seinen Kindern, iPads zu benutzen, und desgleichen taten Chris Anderson, Herausgeber des Magazins »Wired«, und Evan Williams, der Gründer von Twitter. Alle diese Giganten der Computerindustrie setzten ihren Kindern generell strenge Regeln für den Bildschirmgebrauch (Alter, 2017).

Nennen wir das Kind beim Namen

Das Ziel von Eltern ist es, dafür zu sorgen, dass das Leben ihrer Kinder ausgeglichen ist. Wenn so viele Jungs die ganze Zeit mit Videospielen zu verbringen scheinen, ist es schwierig zu bemerken, wann das Verhalten des Kindes aus dem Gleichgewicht gerät, und in dem Augenblick die Notbremse zu ziehen.

Früher unterlag die Spielzeit von Kindern mehr oder weniger festen Regeln. Die meisten Familien waren mit diesen Regeln vertraut und sahen es als ihre Pflicht an, sie anzuwenden. Mit der Ankunft von Internetspielen hat sich eine Welt entwickelt, in der sich die Eltern nicht mehr auf ihre eigenen Kindheitserfahrungen als Orientierungshilfe verlassen können: Welche Regeln gibt es für den Gebrauch des Computers? Zu welcher Tageszeit ist es vielleicht vernünftig, sich dem Videospiel zu widmen? Die Suche im Internet nach Antworten auf solche Fragen hilft nicht weiter, weil sich die Fachleute in der Beurteilung des Problems uneins sind.

Die Wahrheit ist, dass eigentlich niemand wirklich Antworten auf diese Fragen hat. Manche Wissenschaftler glauben, dass Videospiele die Motivation eines Kindes generell unterdrücken, seine emotionale Regulationsmöglichkeiten aufheben und es zu einem stumpfsinnigen Abhängigen machen. Andere Wissenschaftler sind genau gegenteiliger Auffassung: dass Computerspiele dabei helfen können, Emotionen zu regulieren, Willenskraft zu entwickeln und verschiedene kognitive Fertigkeiten zu verbessern (Granic, Lobel u. Engels, 2014).

> ELTERN: »Wie viele Stunden sollten wir ihm Ihrer Ansicht nach erlauben, am Computer zu spielen?«
> THERAPEUT: »Die Frage ›wie lange‹ ist zwar wichtig, aber wir sollten meiner Ansicht nach andere Fragen stellen, eher zur Qualität statt zur Quantität. Relevant ist für uns momentan die Frage, welche Bedeutung Videospiele für Ihren Sohn haben. Beispielsweise, ob er durch Computerspiele etwas über sich und andere Menschen lernt? Erwirbt er sich Instrumente, die ihm helfen, mit Schwierigkeiten umzugehen? Praktiziert er soziale Fertigkeiten?«

Wann also hören Videospiele auf, eine Freizeitaktivität zu sein, und wann fangen sie an, sich nachteilig auf die Entwicklung Ihres Sohnes auszuwirken? Nun, das scheint dann der Fall zu sein, wenn Internetspiele zu seiner einzigen Beschäftigung werden; wenn sie zu Vermeidungsverhalten und Abkoppelung von anderen Menschen führen; wenn sie seine Motivation hemmen, sich auch anderen Beschäftigungen zuzuwenden; wenn er sich nicht mehr wäscht und seine Körperpflege vernachlässigt; wenn er immer introvertierter und weniger selbstsicher wird; wenn er jähzornig und sogar gewalttätig wird, sobald er mit dem Spielen aufhören soll. Alle diese Anzeichen sollten als Warnsignale verstanden werden, dass Videospiele für Ihren Sohn kein Kinderspiel mehr sind.

Eine Reflexionsfrage Warum findet Ihr Sohn Internetspiele so reizvoll?

Die Verlockung von Computerspielen ist enorm. Worin könnte das Geheimnis einer solch starken Anziehungskraft bestehen? Die Antwort ist die, dass Videospiele den Bedürfnissen des Jungen entsprechen, die im täglichen Leben oft nicht befriedigt werden – Leistungserfolge, Wertschätzung, Zugehörigkeitsgefühl, Interessen und Begeisterung. Verglichen mit Gaming fühlt sich die Wirklichkeit unangemessen und frustrierend an, denn in der realen Welt kann der Junge nicht das sein, was er sein möchte.

Man kann schwerlich Jungs dafür beschuldigen, dass sie den Computer nicht verlassen möchten. Während der Junge spielt, steht er im Wettbewerb mit anderen Gamern. Doch in dieser Hinsicht liegt er falsch. Seine Kontrahenten sind keine Truppe von Jungs, sondern eine Armee von talentierten und fachmännischen Erwachsenen, die das Videospiel so konzipiert haben, dass er daran gehindert wird, sein Interesse daran zu verlieren, und er gezwungen ist, immer weiterzuspielen. Der Junge steht einem Arsenal geballter Intelligenz gegenüber und ist nur mit seiner Willenskraft ausgerüstet – wie David gegen Goliath. Es ist schon ein Wunder, dass Jungs es überhaupt schaffen, sich aus eigener Kraft vom Bildschirm abzuwenden!

Es bedarf keiner besonderen Prädisposition, um von Videospielen abhängig zu werden – jeder kann danach süchtig werden. Stundenlanges Spielen ist dafür zwar eine Voraussetzung, aber an und für sich noch keine hinreichende Bedingung. Um eine Abhängigkeit zu entwickeln, muss der Junge davon überzeugt sein, dass Gaming die einzige Lösung für existenziellen Kummer und Schmerz und bei

Leidensdruck ist. Dieser Zustand ist gegeben, wenn er immer weiterspielt, obwohl er weiß, dass er in Zukunft teuer dafür bezahlen muss.

Die Abhängigkeit von Videospielen fällt in die Kategorie Suchtverhalten, wobei das Agens nicht die süchtig machende Substanz (Heroin, Nikotin usw.) ist, sondern die wirkmächtigen Belohnungen, die als Ergebnis eines bestimmten Verhaltens erlebt werden. Besonders effizient werden Menschen dadurch abhängig gemacht, dass man ihnen partielle Verstärkung anbietet, dass heißt, inkonsistente Belohnungen verteilt, indem beispielsweise ein und dieselbe Verhaltensweise manchmal zu Erfolg und Vergnügen führt, während dies zu anderen Zeiten nicht der Fall ist. Da der Gamer nicht vorhersagen kann, wann er belohnt wird, versucht er es immer wieder von Neuem. Die bekannteste Art des Suchtverhaltens ist die Spielsucht. Videospiele sind nach einem ähnlichen Bauprinzip konzipiert: Sie bieten partielle Verstärkung und treiben den Jungen zum Weiterspielen an, weil die Belohnung umso wahrscheinlicher wird, je länger er spielt.

> Eltern: »Genau, wir haben einen Entschluss gefasst. Wir nehmen ihm den Computer endgültig weg!«
> Therapeut: »Ihre Absichten sind lobenswert, aber leider nicht realistisch.«
> Eltern: »Aber er ist süchtig!«
> Therapeut: »Das sehe ich auch so, aber früher oder später wird er seine Hände wieder an einem Computer haben. Die Begrenzung der Stunden am Computer ist ein guter Anfang, aber wichtiger ist, dass wir ihm beibringen, wie er Videospiele konstruktiv nutzen kann.«

Wenn die Eltern erkennen, wie reizvoll Videospiele für ihren Sohn sind, können sie auf zweierlei Arten reagieren. Entweder machen sie den Computer zu ihrem erbitterten Feind und bereiten sich auf einen Krieg vor, oder sie geben ihre Position von Anfang auf in der Hoffnung, dass ihr Sohn sein Gleichgewicht im Leben von allein finden wird.

Beide Herangehensweisen sind berechtigt, aber beide sind auch fehlerbehaftet. Die Methode der Begrenzung der Stunden am Computer ist insofern richtig, als viele Jungen ohne elterliche Überwachung nicht genügend Willensstärke aufbringen, um Videospielen zu widerstehen, und auf eine ungesunde Lebensweise zusteuern. Der Ansatz der Toleranz ist ebenso wohl begründet: Die meisten Jungen nehmen allmählich vom intensiven Spielen Abstand; dies geschieht wahrscheinlich dann, wenn ihre Freunde weniger Zeit am Computer verbringen, wenn sie alternative Freizeitbeschäftigungen finden, die genauso spannend oder reizvoller sind, und – was besonders wichtig ist – wenn Reifungsprozesse ihren natürlichen Verlauf nehmen. Doch jede der genannten Grundüberlegungen hat auch einen Pferdefuß. Beim restriktiven Ansatz werden die Vorzüge von Videospielen nicht gewürdigt, während beim permissiven Ansatz ignoriert wird, wie bedeutsam die elterliche Präsenz ist und die Schlüsselrolle, die Eltern einnehmen können, um ihrem Sohn zu helfen, sodass er Computerspiele in sein Alltagsleben integrieren kann.

Entsprechend schlage ich einen Mittelweg vor, der zum Ziel hat, Internetspiele als integralen Bestandteil des Lebens eines Jungen zu behandeln. Dieser Ansatz verlangt von den Erwachsenen, dass sie die Positionen einer exzessiven bzw. einer unzureichenden Kontrolle hinter sich lassen und eine Führungsrolle übernehmen, indem sie dem Gamer beibringen, wie man Videospiele als wertvolles Instrument nutzt, um sich selbst kennenzulernen und mit Herausforderungen umzugehen.

Bewusst spielen

> THERAPEUT: »Die wichtige Frage ist, ob du spielst, um der Wirklichkeit zu entgehen oder um an deiner Persönlichkeit zu feilen.«
> SEBASTIAN (16 Jahre): »Ich habe keine Ahnung …«
> THERAPEUT: »Wenn du am Computer spielst, um dem Leben auszuweichen – also um die Augen vor deinen Problemen zu verschließen, unangenehme Gefühle zu blockieren oder den Umgang mit Schwierigkeiten zu meiden –, wirst du es als sehr schwer empfinden, deine Spielfertigkeiten in die Wirklichkeit zu übertragen. Stattdessen wirst du verdrossener und einsamer und wirst keine nennenswerten Leistungen erreichen. Wenn du mit dem Spiel aber ein Ziel verfolgst, statt den Kontakt zu dir zu verlieren,

dann werden Videospiele dir helfen, die Verbindung zu dir und anderen zu finden. Und es gibt dabei viele Ziele: etwas Neues lernen, verschiedene Fähigkeiten entwickeln, schöne Stunden mit Freunden und der Familie verbringen oder deine Motivation und deine Begeisterung für Aktivitäten steigern. Genauso entwickeln und entfalten sich Menschen!«

Jungs fangen an, Games zu spielen, weil Freunde und ältere Brüder das tun. Es stellt eine gute Gelegenheit dar, seinen Stellenwert zu begründen, das Gefühl von Zugehörigkeit zu erlangen und angenehme Erfahrungen zu machen. Im Grunde genommen sind Videospiele aus Sicht eines Jungen einfach nur gewöhnliche Spiele. Doch unterhalb der Bewusstseinsschwelle sind Computerspiele für viele Jungs ein Hilfsmittel, um mit Alltagsschwierigkeiten umzugehen, sich besser zu fühlen, Problemen aus dem Weg zu gehen und Kummer und Schmerz zu bewältigen.

Mit der Zeit lernen sie, dass Computerspiele die Antwort auf Leidensdruck sind. Bei diesem Prozess ist ihnen allerdings nicht bewusst, dass andere Arten des Lernens aufgrund dieser Grundhaltung behindert und auch verhindert werden. Die Eltern sind in einer Zwickmühle gefangen: Einerseits sehen sie, dass Videospiele für die Entwicklung ihres Sohnes schädlich sind, und andererseits befürchten sie, dass die Situation noch schlimmer wird, wenn sie ihm den Computer wegnehmen.

Aber wie wäre es damit, den Blick auf Videospiele generell zu verändern? Wie wäre es damit, die Augen für das positive Potenzial von Computerspielen zu öffnen? Lassen wir die Games für uns arbeiten und sie als Instrument für persönliche Entwicklung nutzen.

THERAPEUT: »Du kannst Videospiele nur zum Spaß spielen, du kannst aber auch noch viel mehr daraus machen.«
JOHANNES (15 Jahre): »Was zum Beispiel?«
THERAPEUT: »Du kannst dich selbst kennenlernen, deine Stärken entdecken, mit Schwierigkeiten umgehen lernen, viele wertvolle Fertigkeiten erwerben! Würdest du das ausprobieren wollen?«
JOHANNES: »Ja, das klingt wirklich interessant …«

THERAPEUT: »Ich möchte Ihnen etwas sagen, das vielleicht weit hergeholt klingt: Videospiele können Ihren Sohn stärker machen.«
ELTERN: »Also, im Moment, scheinen sie ihm nur zu schaden!«
THERAPEUT: »Stimmt, weil er gerade nur zum Spaß spielt und sich vor Verpflichtungen drückt. Aber sehen Sie es einmal so: Beim Spielen zeigt er auch viele positive Eigenschaften, zum Beispiel Entschlossenheit, Einfallsreichtum und Scharfsinn. Wir können diese Qualitäten mobilisieren, um ihm dabei zu helfen, die innere Stärke aufzubauen, reale Herausforderungen zu konfrontieren.«
ELTERN: »Das klingt gut!«

Praktischer Tipp: Die Frage »Wie sehr versus wie sehr«

Wir alle wollen, dass die Gespräche mit unseren Söhnen sinnvoll, verbindlich und Denkanstöße sind. Wenn Sie mit Ihrem Sohn über das Spielen am Computer sprechen, müssen Sie deshalb Ihre Fragen so formulieren, dass der Junge dahin geleitet wird, seine Gedanken und Gefühle in Bezug auf Videospiele und deren Auswirkungen zu überdenken und zu beurteilen. Einfache Ja-Nein-Fragen (»Glaubst du, dass dir das Spielen gut bekommt?«) erfüllen diese Aufgabe wahrscheinlich nicht. Produktiver wäre das Vorgehen, wenn Sie im Sinne von »wie sehr« versus »wie sehr« fragen, beispielsweise:
- »Wie sehr, glaubst du, helfen dir Videospiele dabei, im Leben voranzukommen, und wie sehr behindern sie dich in deiner Entwicklung?«
- »Wie sehr geben Videospiele deinem Leben einen Sinn, und wie sehr schmälern sie die Sinnhaftigkeit deines Lebens?«

Mit solchen Fragen lassen sich Widerstände überbrücken, und der Junge wird dazu veranlasst, sich mit im Gegensatz zueinanderstehenden Meinungen und Haltungen zu befassen, die ihm vielleicht schon einmal in den Sinn gekommen sind.

Stolz statt Scham

> THERAPEUT: »Ich glaube nicht, dass du deine Zeit mit Videospielen vergeudest.«
> NOAH (14 Jahre): »Wie meinen Sie das?«
> THERAPEUT: »Genau das, was ich gesagt habe. Ich glaube nicht, dass du deine Zeit vergeudest.«
> NOAH: »Aber ich tue nichts außer Spielen!«
> THERAPEUT: »Du lernst viel durch das Spielen, du bist dir dessen nicht bewusst.«
> NOAH: »Was zum Beispiel?«
> THERAPEUT: »Du kannst entdecken, was du wirklich magst, was dir ein gutes Gefühl gibt, wie man mit Herausforderungen und Hindernissen umgeht – und auch mit Misserfolgen, wie man mit anderen partnerschaftlich zusammenarbeitet.«
> NOAH: »So habe ich darüber noch nie nachgedacht ...«

Man kann an Computer und Konsole spielen und das für eine Zeitverschwendung halten und sich am Ende dafür schämen. Oder man kann Videospiele spielen und annehmen, dass sie zur eigenen Entwicklung beitragen und sich entsprechend würdevoll und stolz fühlen. Viele Eltern sehen Computerspiele in einem negativen Licht und unternehmen alles, um ihren Sohn durch offene oder verdeckte Verunglimpfungen vom Spielen abzubringen. Sie hoffen, dass solch negative Botschaften ihren Sohn dazu veranlassen, mit dem Spielen aufzuhören.

> ELTERN: »Also, genug jetzt! Wie lange kannst du eigentlich noch auf den Bildschirm starren?«
> ANDREAS (12 Jahre): »Was wollt ihr von mir?! Ich habe gerade erst angefangen!«
> ELTERN: »Dieses Spiel macht dich dumm! Hör jetzt auf!«
> ANDREAS: »Och, lasst mich allein ... ich habe sonst nichts zu tun!«

Internetspiele werden lächerlich gemacht, sie gelten als minderwertig und werden verteufelt und ihre positiven Aspekte missachtet. Solche Bemängelungen gründen auf dem fehlenden Verständnis für die heutige Kultur von Jungen und auf endlosen, exzessiven Versuchen, Vergangenheit und Gegenwart miteinander zu vergleichen: »Warum geht er nicht raus, wie wir es gemacht haben?!« »Warum trifft er sich nicht persönlich mit Freunden, sondern nur noch online?«

> ELTERNTEIL: »Was hast du heute gemacht?«
> MICHAEL (14 Jahre): »Nichts.«
> ELTERNTEIL: »Nichts! Was meinst du damit?«
> MICHAEL: »Ich habe am Computer gespielt.«
> ELTERNTEIL: »Da hast du allerdings recht, das ist wirklich nichts ...«

Doch die Wahrheit ist, dass das Leben von Jungen heute völlig anders ist als früher – das ist schon fast eine Plattitüde, aber diese Tatsache wird vielerorts immer noch nicht als selbstverständlich akzeptiert. Die meisten Beschäftigungen, die Jungen früher in ihren Bann zogen, zum Beispiel Aktivitäten im Freien, verschiedene Hobbys, Dinge sammeln usw., sind heute in Videospiele integriert. Wenn Eltern das Spielen am Computer missbilligen, schwächt das ihre Autorität und macht sie zu einer weniger relevanten Instanz. Gleichzeitig geben das ewige Belehren und Beschämen dem Sohn das dumpfe Gefühl, dass er immer alles falsch macht, wodurch sein Selbstbild beschädigt wird. Das ist eindeutig kontraproduktiv, weil Schamerleben und geringes Selbstwertgefühl ihn unweigerlich dazu antreiben, mehr statt weniger am Computer zu spielen.

Eine andere Seite der Schamerfahrung ist der Stolz, eine Emotion, die im Allgemeinen als Überheblichkeit missverstanden wird (Tracy u. Robins, 2007). Dagegen ist gesunder, »positiver« Stolz etwas ganz anders als Arroganz oder »negativer« Stolz. Bejahender Stolz ist eine natürliche Reaktion darauf, dass man seinen Erwartungen gerecht wird – genauso wie Schamgefühle entstehen, wenn man seinen Erwartungen nicht entspricht. Stolz ist eine Emotion, die der Kultivierung würdig ist, weil sie in enger Wechselwirkung mit vielen positiven Verhaltensweisen steht und erheblich zur Selbstkontrolle und Motivation beiträgt (DeSteno, 2018).

> BEN (13 Jahre): »Ich habe das nächste Level geschafft!«
> ELTERNTEIL: »Gut gemacht! War es schwer?«

BEN: »Ja, sehr schwer; nur wenige Gamer schaffen es bis zu dieser Ebene!«
ELTERNTEIL: »Ich bin stolz auf dich! Du bist sicher auch auf dich stolz, oder?«
BEN: »Natürlich!«

Auch Eltern, die über den Erfolg ihres Sohnes in einem Videospiel begeistert sind, schrecken häufig davor zurück, dem Jungen ihre Zufriedenheit zu zeigen, weil sie befürchten, dass er dadurch zu noch intensiverem Spielen ermutigt werden könnte. Leider hält diese Art von Zurückhaltung die Eltern und ihren Sohn davon ab, positive Emotionen zu empfinden, die zu Wachstum führen. Zu diesen Emotionen zählt bejahender Stolz, der, wie sich in Studien gezeigt hat, die Basis eines gesunden Selbstbildes ist und mit Willensstärke in Verbindung gebracht wird.

Wenn die Eltern ihren Sohn für seine Leistungen im Videospiel loben, helfen sie ihm paradoxerweise genau in diesem Moment, die Emotionen zu stärken, die er für die Auseinandersetzung mit den Verlockungen des Spiels braucht. Auch Eltern, die erbittert gegen das stundenlange Spielen ihres Sohnes opponieren, können positive Botschaft aussenden, die ihn stolz auf sich machen:

ELTERNTEIL: »Du weißt, dass ich keine Freudensprünge mache, wenn du stundenlang Videospiele spielst. Trotzdem sollst du wissen, dass ich sehe und schätze, welche Mühe du dir gibst und wie weit du dabei schon gekommen bist.«
CHRISTOPH (16 Jahre): »Danke.«

Kontakt statt Abkoppelung

Viele Eltern sind mit den Spielen ihres Sohnes nicht vertraut. Vielleicht erkennen sie den einen oder anderen Namen eines Spiels, aber es ist mehr als wahrscheinlich, dass sie es mit ihrem Sohn nie gespielt haben. Die meisten Eltern wissen vermutlich nicht einmal, wie man einen Joystick oder Controller in der Hand hält.

Eltern: »Er ist völlig entfremdet von uns! Er hängt den ganzen Tag am Computer und redet überhaupt nicht mit uns.«
Therapeut: »Wie ich das so sehe, haben Sie ihm auch nicht viel zu erzählen.«
Eltern: »Wie meinen Sie das?«
Therapeut: »Sie interessieren sich überhaupt nicht für das, was für ihn von höchster Bedeutung ist. Ich meine, Sie spielen nicht mit ihm und wissen nichts über seine Erfolge und Leistungen. Er denkt wahrscheinlich, dass Sie von ihm entfremdet sind.«
Eltern: »So haben wir das noch gar nicht betrachtet …«
Therapeut: »Sie können nicht erwarten, eine Beziehung zu Ihrem Sohn nur auf der Basis aufzubauen, was für Sie wichtig ist. Es muss zumindest eine gewisse Reziprozität geben. Versuchen Sie, Interesse und Wertschätzung für das zu zeigen, was er mag; spielen Sie mit ihm. Und dann werden wir sehen, ob er sich für Dinge interessiert, die Ihnen wichtig sind.«

Reflexionsfragen Haben Sie mit Ihren Eltern gespielt, als Sie noch ein Kind waren? Wie hat sich das auf Ihre Beziehung zueinander ausgewirkt?

Denken wir einmal nach, was ist das übliche Umfeld für das Spielen am Computer? Der Gamer sitzt allein in seinem abgedunkelten Zimmer. Die Verantwortung für die daraus entstehende Abkoppelung liegt gleichermaßen bei dem Jungen und seinen Eltern. Wenn kleinere Jungs ihre »Spielkarrieren« beginnen, wären die meisten von ihnen begeistert, gemeinsam mit den Eltern zu spielen. Doch wenige Eltern zeigen auch nur das geringste Interesse an Videospielen. Folglich haben sie diese Gelegenheit verpasst, und der Junge hat gelernt, dass seine Eltern nicht zu der zauberhaften Welt gehören, die er gerade entdeckt hat. Die Verbindung zwischen den Eltern und dem Kind ist gefährdet, und die Grundlagen für Abkoppelung und Entfremdung sind gelegt.

Von anderen wahrgenommene Leistungen evozieren völlig andere Gefühle als solche, die nicht wahrgenommen werden. Wenn ein Junge eine schwierige Aufgabe gemeistert hat, schaut er erwartungsvoll auf und hofft, ein Blitzen in den Augen der Eltern zu entdecken;

er will sehen, dass sie zufrieden und erfreut sind. Aber was geschieht, wenn sie überhaupt nicht da sind?

Die Eltern müssen nicht einmal direkt mitspielen; solange sie wissen, wer welche Figur im Spiel ist, und Interesse am Vorankommen ihres Sohnes zeigen – solange sie lernen, die Spielsprache zu sprechen –, sind sie auf dem richtigen Weg:

> ELTERNTEIL: »Wie ist das Spiel heute gelaufen? Welches Level hast du erreicht?«
> JONATHAN (13 Jahre): »Michael hat mich in dem Spiel fertig gemacht!«
> ELTERNTEIL: »Wirklich! Ich glaube es nicht, dass er das wieder geschafft hat! Sag mir mal, was geschehen ist!«
> JONATHAN: »Das ist eine lange Geschichte«
> ELTERNTEIL: »Sag es mir, ich will es wissen!«
> JONATHAN: »Also, du würdest es nicht glauben, aber ...«

Bei älteren Jungs, die sich bereits an die elterliche Gleichgültigkeit gegenüber Videospielen gewöhnt haben, kann das plötzliche Interesse der Eltern zuerst Argwohn und Widerstand hervorbringen, aber diese Hürde lässt sich leicht überwinden:

> ELTERN: »Kannst du uns das Spiel vielleicht erklären?«
> PAUL (16 Jahre): »Kommt schon ... Ihr versteht doch sowieso nichts von diesen Dingen ... «
> ELTERN: »Du hast recht, und wir geben zu, dass das unser Fehler ist. Ab jetzt möchten wir stärker eingebunden werden, um zu verstehen, was du tust, und vielleicht auch spielen lernen. Wir haben eine Weile gebraucht, schließlich aber erkannt, dass es für ein Kind kein Spaß ist, Eltern zu haben, die völlig ahnungslos sind, was ihr Junge den ganzen Tag lang treibt.«
> PAUL: »Also, wie auch immer. Wenn Ihr wollt ...«

Wenn die Eltern ihre Abneigung gegenüber Internetspielen zu überwinden vermögen, können sie und ihr Sohn viele positive Erfahrungen des Zusammenseins machen. Solch schöne Momente sind von größter Bedeutung für die Entwicklung einer gesunden Beziehung.

VATER: »Ich versuche, mindestens einmal pro Woche mit meinem Sohn FIFA (Fußballsimulationsspiel) zu spielen. Ich spiele ziemlich mies, und er schlägt mich immer, obwohl er sich besonders anstrengt, mich gewinnen zu lassen. Ich erinnere mich heute daran, wie mein Vater von Zeit zu Zeit mit mir Basketball spielte; er war nicht sehr gut darin, aber das spielte keine Rolle. Ich denke sehr gern an diese Spiele mit meinem Vater zurück.

THERAPEUT: »Und genauso wird Ihr Sohn seinem Sohn davon erzählen, welchen Spaß es gemacht hat, mit seinem Vater FIFA zu spielen ...«

Wenn Eltern unter der Anleitung ihres Sohnes am Computer zu spielen beginnen, geben sie ihm die Gelegenheit zu einer ganz besonderen Beobachtung: dass sie auf ihre Erfolge und ihr Weiterkommen in höhere Levels stolz sind. Jungen haben es generell gern, wenn sie als eine Art Mentoren fungieren können, die Neulingen die Geheimnisse des Games beibringen und ihre Fortschritte beobachten. Wenn die Eltern sich anstrengen und langsam besser werden, kehren sich die Rollen um, und der Sohn ist derjenige, der Stolz und Freude über die neuartigen Leistungen der Eltern empfindet.

Spielen ins Leben integrieren

Gaming wird zum Problem, wenn es nicht in die tagtäglichen Beschäftigungen des Jungen fest eingebunden ist, wenn es aus dem »Leben« ausgelagert wird. Dann wird alles mit dem Spielen Verbundene als positiv betrachtet, während Aktivitäten, die nicht mit Videospielen zusammenhängen, als unnötig, langweilig und sinnlos wahrgenommen werden. Das ist so, als ob der Junge eine Doppelidentität entwickelt hätte: das spielende Ich versus das nichtspielende Ich.

Im Modus des spielenden Ichs kann der Junge starke Motivation und Offenheit entfalten; er kann neugierig und umgänglich sein. Im Modus des nichtspielenden Ichs hingegen zeigen sich die gegenteiligen Eigenschaften: geringe Motivation, fehlende Neugier und unzulängliche soziale Fertigkeiten. Diese Spaltung richtet im Bewusstsein des Jungen Chaos und Verwüstung an.

THERAPEUT: »Sag mal, wer bist du wirklich – der Martin, der am Computer spielt, oder der Martin, der nicht spielt?«

MARTIN (15 Jahre): »Die Wahrheit ist, ich weiß es nicht; sie scheinen so unterschiedlich ...«

Die Jungen wissen nicht, dass ihr Leben aufgespalten ist, und deshalb müssen die Eltern sie genau auf diesen Punkt aufmerksam machen und dabei unterstützen, die beiden Hälften zusammenzubringen. Im Wesentlichen gibt es drei Möglichkeiten, Spiele in die reale Welt zu integrieren:
- Das Computerspiel wird als Methode genutzt, mit deren Hilfe der Junge Selbstbewusstsein und Selbstkenntnis entwickeln kann.
- Das Computerspiel wird als Instrument zur Befähigung und als Quelle der Inspiration genutzt, damit der Junge Schwierigkeiten zu bewältigen lernt.
- Das Leben wird als eine andere Art des Spiels behandelt.

Alle diese Strategien tragen dazu bei, dass Jungs sowohl Videospiele als auch das Leben anders wahrnehmen. Wenn wir ihnen beibringen, Videospiele bewusst zu spielen, helfen wir ihnen, darauf zu achten, wie sie spielen, und das spielende Ich mit der eigentlichen Person zusammenzubringen. Wenn der Junge mit Bedacht am Computer spielt – und das Ziel verfolgt, in Kontakt zu sich selbst zu kommen, statt die Wirklichkeit zu vermeiden und vor ihr zu flüchten –, dann fördert das Videospiel sein persönliches Wachstum, seine Selbstfindung und Entwicklung von Fertigkeiten, die enorm zur Alltagsbewältigung beitragen können.

Selbstkenntnis durch Spielen

Jungs reden zwar nicht gern über sich und vermeiden üblicherweise Gespräche, die nach einer Innenschau verlangen, aber sie unterhalten sich gern über Computerspiele. Solche Gespräche bereiten den Weg für eine Diskussion über tiefgehende und sinnvolle Themen, die wiederum zu Selbstkenntnis führen:

THERAPEUT: »Erinnerst du dich, welches Videospiel du zum ersten Mal gespielt hast?«
DENNIS (17 Jahre): »Ich glaube, es war Minecraft.«
THERAPEUT: »Erzähle mir doch ein bisschen davon, wie du dich gefühlt hast, als du es damals gespielt hast. Woran erinnerst du dich?«

Computerspiele können den Jungen von seinem innersten Selbst trennen und ihn seiner Selbstwahrnehmung berauben, aber sie können ihm auch helfen, mit sich vertrauter zu werden. Wenn wir uns selbst kennen, wissen wir, woher wir kommen und wohin wir gehen. Heute sind Videospiele ein riesengroßes Thema, um das herum Jungs ihre Lebensgeschichten aufbauen; ihre Erinnerungen drehen sich oft um Computerspiele und um die Frage, wann, wo und mit wem sie dieses oder jenes Spiel gespielt haben.

Das Sprechen über Videospiele bringt sie dazu, über die Vergangenheit nachzudenken, und aufgrund dessen können sie auch eine Unterhaltung darüber akzeptieren, wo sie gegenwärtig stehen:

THERAPEUT: »Was braucht es, um in diesem Spiel gut zu sein?«
CHRISTIAN (14 Jahre): »Weiß nicht, vielleicht schnelles Denken. Ich meine, herausfinden, was die anderen gerade tun, und schnelle Entscheidungen treffen.«
THERAPEUT: »Und hast du diese Fähigkeiten?«
CHRISTIAN: »Darüber habe ich wirklich noch nicht nachgedacht, bis jetzt ...«

Jungs denken nicht über die Fertigkeiten, Fähigkeiten und Begabungen nach, die sie für das Computerspiel mobilisieren – es ist ja schließlich nur ein Spiel. Sie brauchen Erwachsene, deren emotionale Sprache ausgefeilter ist, um Wesenszüge – und, ja, auch Tugenden – zu definieren, die sie beim Spielen manifestieren:

THERAPEUT: »Du spielst sehr viel, was auf deine Entschlossenheit, Charakterstärke und Willenskraft hinweist. Zeigen sich diese Eigenschaften auch in anderen Situationen?«
MATTEO (13 Jahre): »Nein, nicht wirklich.«

THERAPEUT: »Aber hast du gewusst, dass du sie hast?«
MATTEO: »Darüber habe ich noch nie nachgedacht.«
THERAPEUT: »Jedes Mal, wenn du spielst, mobilisierst du diese Fähigkeiten. Ich möchte, dass du auch auf andere Bereiche in deinem Leben achtest, wo sie irgendwo auftauchen.«

Praktischer Tipp: Wesenszüge herausfinden und Selbstwahrnehmung fördern

Um die Selbstkenntnis Ihres Sohnes zu fördern, stellen Sie ihm nach einem Videospiel folgende oder ähnliche Fragen:
- Hast du klug gespielt? Hast du strategisch gedacht?
- Hast du dich großzügig gezeigt? Hast du anderen geholfen?
- Warst du mutig? Hast du neue Dinge ausprobiert?
- Warst du kreativ und erfinderisch? Hast du neue Strategien ausprobiert?

Aus Computerspielen lernen, wie man mit Schwierigkeiten umgeht

Entwickler von Videospielen sind die großen Psychologen unserer Zeit: Sie wissen, wie man Jungen zu Spielsklaven macht, wie man sie zu harter Arbeit motiviert, sie mit Herausforderungen konfrontiert und Widrigkeiten überwinden lässt. Wir sollten uns ihre Erkenntnisse zunutze machen, um einen Zugang zu unseren Jungs zu finden.

Nehmen wir beispielsweise das Konzept der Arbeitsethik, das wir meistens mit Fleiß, Loyalität, Ausdauer, Engagement, Verantwortung und dergleichen assoziieren. Jungen, denen diese Eigenschaften in ihrem Alltagsleben zu fehlen scheinen, entfalten diese Wesenszüge plötzlich, wenn sie am Computer sitzen. Sie sind sich dieser Verwandlung natürlich überhaupt nicht bewusst – sie spielen ja schließlich nur. In dem Moment, in dem man sie darauf hinweist, dass ein Spiel weitaus mehr ist als »einfach nur spielen« – weil sie sich anstrengen, Hindernisse überwinden, Probleme klären und Entschlossenheit zeigen –, machen wir ein Computerspiel zu einer

Bildungserfahrung. Mit einem solchen Bewusstsein können Jungen versierter mit Schwierigkeiten in der realen Welt umgehen.

> THERAPEUT: »Sag mal, wie stellst du es an, ein neues Computerspiel zu lernen?«
> KEVIN (15 Jahre): »Ich lerne es einfach, Schritt für Schritt. Ich schaue mir Videos an, rede mit Freunden.«
> THERAPEUT: »Anders ausgedrückt, du weißt am Anfang, dass du nicht sehr gut sein wirst und dass du durch Lernen und mit Erfahrung besser wirst.«
> KEVIN: »Ich weiß, dass es vorübergehend ist ... nicht zu wissen, wie man spielt.«
> THERAPEUT: »Du hast gerade etwas sehr Wichtiges gesagt. Du hast gesagt, dass du weißt, um in etwas besser zu werden, musst du erst einmal akzeptieren, dass du nicht gut darin bist, und dir dann Mühe geben musst, um besser zu werden. Wendest du diese Regel auch in anderen Situationen an?«

Jungs trennen zwischen Videospielen und ihrem Leben so, dass sie Erfahrungen von Bewältigung und Auseinandersetzung nur mit ihrer konkreten Realität gleichsetzen. Für sie sind die mit dem Spielen verbundenen Anstrengungen, Arbeitseinsätze und Schindereien eine völlig andere Erfahrung. Der entscheidende Faktor, der zwischen Spiel und Leben voneinander unterscheidet, ist der, dass Jungs sich entscheiden, das Spiel zu spielen:

> THERAPEUT: »Das finde ich spannend: Du hast mir von den Schwierigkeiten während des Spielens erzählt und dass du dachtest, ihre Bewältigung hätte dir sehr gut getan. Doch wenn etwas passiert, das mit dem Spiel nichts zu tun hat, kommt dir das schwierig vor und belastet dich. Wie kommt das?«
> JAN (12 Jahre): »Das ist nicht dasselbe.«

Was also ist es, das Jungs dazu bringt, alle Kraft ins Spielen zu setzen und nicht aufzugeben? Nun, der Grund ist der, dass sie Videospiele als fairer wahrnehmen als das reale Leben. Bei Computerspielen wird Schwerarbeit tatsächlich immer belohnt – ein Gamer, der viel spielt, wird immer geschickter und macht Fortschritte. In der wirklichen Welt nehmen die Dinge nicht immer diesen Lauf. Ein Junge lernt vielleicht tagelang auf eine Prüfung hin und fällt dennoch durch, oder er arbeitet hart daran eine handwerkliche Fertigkeit zu erlernen und hat am Ende nichts vorzuweisen.

> THERAPEUT: »Du hast recht, es ist nicht dasselbe; das Spiel, das wir Leben nennen, ist nicht so gerecht wie Videospiele – du kannst sehr viel Energie reinstecken und doch nicht da landen, wo du willst. Bei Computerspielen ist das anders: Du weißt, wenn du spielst, dass du irgendwann Erfolg haben wirst.«
>
> JAN (12 Jahre): »Ja genau, so ist es!«
>
> THERAPEUT: »Und natürlich ist Spielen eine Frage der eigenen Entscheidung ... und deshalb bist du viel entschlossener.«
>
> JAN: »Wie meinen Sie das?«
>
> THERAPEUT: »Es ist so: Weil du dich für das Spielen entscheidest, hast du mehr Freude daran. Denke beispielsweise an deine Eltern: Wenn du sie zwingen könntest, am Computer zu spielen, glaubst du, sie hätten Spaß dabei?«
>
> JAN: »Wahrscheinlich nicht ...«
>
> THERAPEUT: »Ganz genau! Wenn wir uns für eine Aktivität entscheiden, gibt das ein ganz anderes Gefühl. Wenn du dich für etwas anderes entscheidest, beispielsweise zu lernen, wirst du das als weniger schwierig und angenehmer empfinden. Ich bin sicher, du weißt, wovon ich rede.«
>
> JAN: »Ja, als ich schwimmen gelernt habe, war das so ähnlich. Ich bin froh, dass ich nicht aufgegeben habe.«

Jungs glauben, sie hätten die Kontrolle nur beim Spielen am Computer. Die Vorstellung, dass sie auch über andere Situationen das Kommando übernehmen können, ist für sie frisch und befähigend.

Die Dichotomie von Leben und Spielen gilt für das Lernen generell. Jungs sind zwar willens, sich unter großen Anstrengungen in ein neues Computerspiel einzuarbeiten, rühren aber oftmals keinen Finger, um Unterrichtsmaterialien zu sichten. Und wenn die Eltern dem Lernprozess beim Gaming keine Bedeutung beimessen, dann bekräftigen sie die Ansicht, dass Lernen ausschließlich in der Schule stattfindet, und verstärken so unabsichtlich die eingeschränkte Sicht ihres Sohnes.

> THERAPEUT: »Meiner Einschätzung nach bist du ein guter Schüler.«
> TOM (14 Jahre): »Sie machen Scherze, oder? Meine Noten sind schrecklich. Ich bin ein mieser Schüler!«
> THERAPEUT: »Ja, die Noten sind schlecht, weil du nicht genug lernst. Aber in den Fächern, die dich wirklich interessieren, bist du ein guter Schüler! Oder wie gut und rasch du dieses Videospiel gelernt hast, deutet auf eine starke Lernfähigkeit hin.«
> TOM: »Ich gebe mir für Spiele wirklich Mühe!«
> THERAPEUT: »Oh ja. Ich würde sogar sagen, wenn es um Videospiele geht, bist du ein echter Gelehrter, und das meine ich ernst.«

Wenn man das Lernkonzept auf spielbezogene Aktivitäten ausweitet, bekommen Jungen das Vertrauen, dass sie lernfähig sind, und können den Lernprozess sogar genießen. Kann ein Junge das Selbstbild eines Lernenden in sich aufbauen, wagt er sich eher an andere Arten des Lernens heran.

Anhand von Computerspielen lernt der Junge auch, wie er mit Situationen des Verlierens und Scheiterns umgehen kann. Beim Spielen sind Jungs sie mit sehr vielen Erfahrungen des Scheiterns (durchschnittlich zehn bis zwanzig Mal pro Stunde) konfrontiert (McGonigal, 2012), was ihnen meistens nicht bewusst ist, sie aber dennoch enorm robust macht:

> THERAPEUT: »Du weißt, dass du mit Misserfolgen und Verlusten viel besser umgehen kannst, als du glaubst.«
> ERIC (15 Jahre): »Wie kommt's?«
> THERAPEUT: »Achte mal darauf, wie viele Male du während eines Spiels scheiterst: wenn du von anderen getötet wirst oder eine Aufgabe nicht beendest oder das Level nicht erreichst, die du anstrebst ... In allen diesen Situationen scheiterst du; und jetzt kommt's: Du gibst nicht auf. Bei einem Spiel kannst du einen Schlag nach dem anderen einstecken und machst dennoch immer weiter.«
> ERIC: »Ich glaube an mich, wenn ich am Computer spiele.«

THERAPEUT: »Das ist ein großartiger Anfang, einen Platz zu haben, an dem du an dich glaubst!«

Mithilfe solcher Gespräche können Jungs die Motivation entwickeln, sich mit beängstigenden Herausforderungen zu konfrontieren. In einem Spiel steigert sich der Schwierigkeitsgrad ständig, und sie müssen immer wieder einen neuen Anlauf nehmen, auch wenn sie scheitern. Dabei lernen sie die wichtige Lektion, dass sie, wenn sie sich weiter Mühe geben, schlussendlich komplexere Ziele erreichen können.

Durch solche Unterhaltungen können sie lernen, dass man sich nicht immer stark und mächtig fühlt. Im Leben wie beim Spielen kann man in Schwächezustände verfallen, aus denen man dann wieder herausfinden muss:

THERAPEUT: »Was tust du, wenn du das Gefühl hast, du verlierst beim Spielen an Kraft? Wie erneuerst du deine Stärke?«
FABIAN (14 Jahre): »Also, ich versuche stärker zu werden, indem ich beispielsweise jemanden im Spiel finde, der mir mehr ›Leben‹ gibt.«
THERAPEUT: »Und wenn du nicht spielst und das Gefühl hast, deine Energie lässt nach und du musst ›durchstarten‹, was gibt dir dann Kraft?«

Mit anderen zusammen sein

Manche Jungs, die sich zwischenmenschlicher Interaktion verweigern, können via Computer dennoch Beziehungen zu anderen Menschen entwickeln:

THERAPEUT: »Ich habe bemerkt, dass du beim Computerspiel genau darum bittest, was du brauchst.«
PETER (17 Jahre): »Natürlich, sonst kommt man zu nichts?!«

Demnach greift die Dichotomie von Leben und Spielen auch in den sozialen Bereich hinein. Bei vielen Videospielen müssen die Gamer effizient miteinander kommunizieren; ansonsten haben sie null Chancen auf Erfolg. Doch diese Fertigkeiten schwinden in persönlichen Begegnungen dahin – zumindest aus dem Blickwinkel des Jungen.

Aus genau diesem Grund verbringen Jungs so viel Zeit am Computer: Nur dort spüren sie den Kontakt zu anderen Menschen. Wir betrachten solche Online-Beziehungen tendenziell als »nicht real« oder »virtuell« und berauben sie folglich ihres Wertes. Doch sie haben das Potenzial, zur Entwicklung eines Jungen beizutragen. Er aber hält Online-Beziehungen aufgrund unserer negativen Einstellung dazu für unbedeutend und unnötig und wird so daran gehindert, seine sozialen Fertigkeiten zu entdecken und anzuerkennen.

> MORITZ (16 Jahre): »Ich erzählte meinen Freunden, was zu tun war, und deshalb haben wir gewonnen.«
> THERAPEUT: »Und sie haben genau das getan, was du ihnen gesagt hast, oder?«
> MORITZ: »Ja.«
> THERAPEUT: »Es sieht so aus, als ob du ziemlich gut weißt, wie du mit anderen kommunizieren musst und sie zum Mitarbeiten bringst. Das ist eine beeindruckende soziale Fertigkeit!«

Eine Reflexionsfrage Welche sozialen Fertigkeiten entwickelt oder manifestiert Ihr Sohn beim Spielen?

Heutige Jungs lernen mithilfe von Videospielen soziale Fertigkeiten, die Kinder ehemals auf Spielplätzen und ohne Aufsicht durch Erwachsene erworben haben. Früher, genauso wie heute, läuft ein Großteil des Austausches unter Jungen so ab, dass sie sich gegenseitig fertigmachen: »Was bist du für ein Loser, ich hau dir eine runter!« »Du bist grottenschlecht in diesem Spiel!« – und ähnliche Mitteilungen, die ein Erwachsener wahrscheinlich nur als beleidigend abtun würde. Im Grunde werden Jungen durch diese Form der Kommunikation gegen Abweisungen des realen Lebens immunisiert. Wenn sie sich gegenseitig verspotten und herabmindern, praktizieren sie die Regulation von Schamerleben, weil solche Situationen tatsächlich Schamgefühle hervorrufen.

Dabei lernen sie auch eine wichtige Lektion: Manchmal gewinnst du, manchmal verlierst du; manchmal verspürst du Selbstwertgefühle und Macht, während du dich ein andermal machtlos, als Versager oder als ein Niemand fühlst. Mit anderen Worten: Unser Gefühl für den eigenen Wert ist ständig im Fluss. Wenn diese existenzielle Wahrheit während eines Videospiels das Bewusstsein des Jungen betritt und durchdringt, hallt sie auf den tiefsten emotionalen Ebenen wider. Das ist kein theoretisches Konstrukt, sondern eine äußerst tiefgreifende affektive Erfahrung.

Man weiß, dass Computerspiele Jungs auf die Palme bringen und Aggression hervorrufen können, dass sie aber auch Empathie und gegenseitiges Verständnis fördern. Empathie ist im Wesentlichen die Fähigkeit, »sich in die Lage eines anderen zu versetzen«. Durch Empathie spüren wir die Emotionen der anderen Person, spiegeln den Blick in ihren Augen und gleichen sogar unseren Herzschlag dem ihren an (McGonigal, 2015). Eine solche Synchronisation geschieht auch bei einem Videospiel. Jungen können diesen Effekt spüren, sind sich dessen aber nicht bewusst. Doch sie verstehen das Grundprinzip: Der Kontakt zu anderen Menschen ist beim Spielen viel einfacher als in alltäglichen Begegnungen.

> THERAPEUT: »Du siehst es vielleicht nicht, aber das Spielen am Computer kann dich lehren, die Gedanken anderer Kinder zu lesen.«
>
> FINN (12 Jahre): »Wirklich?«
>
> THERAPEUT: »Ja! Wenn du spielst, willst du doch immer herausfinden, was der andere Spieler tun wird, welche Absichten er hat.«
>
> FINN: »Das stimmt!«
>
> THERAPEUT: »Das ist eine sehr wichtige Fertigkeit, um generell mit anderen Menschen zurecht zu kommen.«
>
> FINN: »Ich glaube, ich kann die Gedanken anderer Kinder besser lesen, wenn ich spiele, als sonst irgendwo.«
>
> THERAPEUT: »Das ist wahr. Du glaubst, dass andere Schlechtes über dich denken, aber beim Spielen ist das nicht so.«

Computerspiele helfen Jungs, Zugang zu anderen zu finden, und sind demnach förderlich für »Mentalisierung« – für die Fähigkeit, die eigenen mentalen Zustände und diejenigen anderer Menschen zu verstehen (Asen u. Fonagy, 2012).

OSCAR (16 Jahre): »Ich spiele jetzt neue Figuren, um zu spüren, wie es ist, in ihrer Rolle zu sein.«
THERAPEUT: »Was hast du dadurch gelernt?«
OSCAR: »Es war interessant, jemand anders zu sein ...«
THERAPEUT: »Es ist eine wichtige Fertigkeit, sich in die Lage eines anderen zu versetzen, um wirklich zu verstehen, wie er tickt.«

Auch wenn es bei Computerspielen keine persönlichen Begegnungen gibt, so vermitteln sie soziales Verständnis nicht nur theoretisch, sondern lehren auch praktische soziale Fertigkeiten. Heutige Jungs haben beispielsweise weniger Gelegenheiten, sich an dem Gefühl zu erfreuen, anderen Menschen etwas zu geben; sie sind es eher gewöhnt, etwas zu bekommen. Von daher zeigen sie meistens wenig Begeisterung, wenn sie etwa um Mithilfe bei der Hausarbeit gebeten werden. Doch bei Videospielen ist es übliche Praxis, dass die Spieler Fürsorge, Großzügigkeit und guten Willen zeigen. Und während Jungs im Alltag vielleicht einfache, doch wirksame Mittel fehlen, um Empathie zu zeigen und prosozial zu handeln, haben sie bei Computerspielen damit keine Schwierigkeiten.

THERAPEUT: »Bei diesem Spiel habe ich etwas über dich erfahren, nämlich wie großzügig du bist. Hast du das von dir gewusst?«
JANNIK (11 Jahre): »Ja, im Spiel helfe ich anderen gern.«
THERAPEUT: »Du hast für andere sogar Opfer gebracht. Wie fühlt sich das an?«
JANNIK: »Ich bin nicht der Einzige, der das tut, andere tun das auch. Es ist wichtig für das Team.«
THERAPEUT: »Und glaubst du, die anderen schätzen, was du tust?«
JANNIK: »Ich denke schon – dank mir gewinnt das Team!«
THERAPEUT: »Fühlt sich das nicht gut an, für andere da zu sein und dafür geschätzt zu werden?«

Einen Sinn im Leben finden

Anderen Menschen etwas zu geben und Zugang zu ihnen zu finden, tragen zur Entwicklung sozialer Fertigkeiten bei und bescheren ein Gefühl von Zugehörigkeit und Gemeinschaft. Doch dadurch wird noch mehr erreicht: Das Leben bekommt einen Sinn.

ELTERN: »Weshalb spielst du denn so viel?«
LUKAS (13 Jahre): »Es ist ein Spiel, das Kinder jetzt auf der ganzen Welt spielen, es ist etwas Großes!«
ELTERN: »Und was bringt es dir?«
LUKAS: »Ihr versteht das nicht ...«

Viele Jungs spielen am Computer, weil ihnen Sinnhaftigkeit im Leben fehlt; das heißt, dass sie mit sich und anderen Menschen nicht in Verbindung sind und keinen Zugang zu den wesentlichen Quellen einer Sinngebung haben. Sie hängen herum, sind teilnahmslos, ziellos, unbeteiligt und an ihrem Umfeld nicht interessiert. Und dennoch: Sobald der Computer eingeschaltet ist, öffnet sich für sie eine Welt sinnvoller Möglichkeiten.

Sinnhaftigkeit gibt das Gefühl, Teil von etwas Größerem zu sein (Yalom, 2005). Es ist der Glaube, dass unser Handeln über unser persönliches Leben hinaus von Bedeutung ist. Damit unser Leben sinnvoll wird, müssen unsere täglichen Bestrebungen auf ein größeres Ziel ausgerichtet sein – auf das Größere, das Bessere. Über das eigene Selbst hinauswachsen, indem man sich hohe Ziele setzt, und wissen, dass das eigene Handeln für andere einen Beitrag leistet – genau das erreichen Jungen heute nicht durch Religion, politisches Engagement oder sozialen Aktivismus, sondern durch Videospiele.

Früher haben die Menschen einen Sinn darin gefunden, dass sie den Boden bearbeiteten, mit der Natur in Einklang standen, einen Beruf ausübten, zu einer Gemeinschaft gehörten oder ihre Rolle in der Familie einnahmen. Diese Quellen sind inzwischen versiegt, und die technologische Entwicklung hat deren Erosion noch weiter beschleunigt.

Angesichts der Knappheit an akzeptablen Sinnquellen fehlt es Jungen chronisch an diesem unerlässlichen Gut, und dieser Mangel manifestiert sich in Langeweile und Teilnahmslosigkeit. Games lindern zwar den Durst nach Sinnhaftigkeit, erzeugen aber auch ein neues Problem: Bedeutung wird nur im Spiel erlang, nicht außerhalb. Unter diesen Bedingungen ist die Rückkehr zur computerlosen Existenz natürlich keine Option; ein fruchtbarer Ansatz wäre die Überlegung, wie sich Sinnhaftigkeit durch Gaming kreieren lässt:

Therapeut: »Weißt du, warum Videospiele so wichtig für dich sind?«
Jonas (17 Jahre): »Nein.«
Therapeut: »Sie haben alles, was im Leben Sinn stiftet: Kreativität, Zugehörigkeit, anderen Menschen etwas geben und nach einem höheren Ziel streben …«
Jonas: »Ja, ich spüre das alles!«
Therapeut: »Sicher, und es ist ein gutes Gefühl! Ich wünsche, du könntest das auch in anderen Situationen erreichen.«

Die Führungsrolle zurückgewinnen

Es lässt sich kaum präzise vorhersagen, welchen Einfluss das tagtägliche Spielen am Computer auf die Zukunft von Jungen haben wird. Wir dürfen jedoch nicht mutwillig die Augen davor verschließen, was mit unseren Jungs heutzutage passiert. Der Computer gestaltet ihr Leben, und die damit einhergehenden Wandlungen sind manchmal dramatisch und nicht wünschenswert. Diese Jungen brauchen die elterliche Führung. Die Eltern ihrerseits müssen lernen, wie sie den Computer zu einem Verbündeten machen, statt ihn als Feind zu betrachten.

Wir können der Wirklichkeit nicht entgehen: Videospiele sind für unsere Existenz von zunehmend zentraler Bedeutung. Die Eltern, die für ihre Kinder wichtig bleiben und ihre Autorität behalten wollen, haben keine andere Wahl, als sich mit der Gaming-Welt vertraut zu machen und deren Entwicklungen zu verfolgen.

Jungen hängen natürlich an ihren Computern – und zwar so sehr, dass man glauben könnte, sie bräuchten ihre Eltern überhaupt nicht mehr, da sie all das elterliche Wissen, ihre Führung und Unterstützung jetzt durch Videospiele vermittelt bekommen. Meiner Ansicht nach ist jedoch genau das Gegenteil der Fall. Heute brauchen Jungen die Präsenz ihrer Eltern mehr als je zuvor.

Die Eltern fungieren in vielerlei Hinsicht als Wächter, insofern als sie sich darum kümmern, dass ihre Kinder keine falschen Verhaltensweisen und ungesunden Gewohnheiten entwickeln, zum Beispiel zu viele Süßigkeiten essen oder zu viel fernsehen. Was Videospiele betrifft, ist diese elterliche Rolle noch viel wichtiger: Die Eltern müssen die Computernutzung ihres Sohnes überwachen, indem sie ihm beispielsweise zeitliche und inhaltliche Grenzen setzen. Doch sie können noch viel mehr tun als das. Sie können ihrem Sohn beibringen, wie er den Computer so nutzen kann, dass sein persönliches Wachstum und eine gesunde Entwicklung gefördert werden.

Die Eltern müssen verstehen, weshalb Jungs so von Computerspielen angezogen werden, und – genauso wichtig – die Söhne müssen wissen, dass ihre Eltern sie verstehen. Dieses Bewusstsein ist für die Jungs eine Voraussetzung dafür, dass sie ihre Eltern als Autoritätspersonen und Leitfiguren sehen, mit deren Unterstützung sie Videospiele und Wirklichkeit miteinander in Einklang bringen können. Das bewirkt auch, dass sie ihre Eltern mehr mögen.

V Cannabis: Wie der Wunsch nach Kontakt zur Abkoppelung führt

Jungs denken, dass alle Welt Gras raucht[3]. Ihre älteren Brüder rauchen und manchmal auch ihre Eltern; und wenn sie die Straße entlang gehen, steigt der vertraute Geruch an jeder Ecke in ihre Nasen – so kommt es ihnen jedenfalls vor. Wenn also einem Jungen zum ersten Mal ein Joint angeboten wird, ist die natürliche Reaktion die, dass er mit dem Strom schwimmt. Für einige Jungs ist dieser erste Zug vielleicht ohne Wirkung (oder er hat eine negative) und vielleicht ihr letzter; für andere wird Cannabis eine wichtige Quelle des Vergnügens; wieder andere werden in Cannabis eine Lösung für alle ihre Probleme sehen. Im letzten Fall können sich Abhängigkeit und Sucht entwickeln – mit allen dazugehörigen Unannehmlichkeiten und Kümmernissen.[4]

Es wird allgemein angenommen, dass Adoleszente rauchen und Alkohol trinken, weil sie das Verlangen haben, reif und unabhängig zu sein.. Wir sehen diese Verhaltensweisen tendenziell auch als Zeichen der Rebellion. Doch heutzutage greifen diese beiden Erklärungsmuster nicht mehr. Im Unterschied zu rebellierenden Teenagern sagen Jungs, dass Cannabis sie angenehmer, kooperativer und umgänglicher mache, vor allem in Bezug auf Familienangehörige:

---

[3] Im Text werden die Begriffe Cannabis, Gras, Marihuana, Pot, Weed, Dope, Shit und Reefer austauschbar verwendet.

[4] Ursprünglich habe ich mich in diesem Kapitel sowohl mit dem Konsum von Cannabis als auch von Alkohol befasst. Da sich in jüngster Zeit aber der Cannabisgebrauch erheblich ausgeweitet hat, habe ich den Fokus nicht mehr auf den Alkoholkonsum gelegt, sondern mich auf das Rauchen konzentriert. Die meisten in diesem Kapitel formulierten Leitlinien lassen sich auch auf den Alkoholmissbrauch anwenden.

ALEXANDER (17 Jahre): »Jetzt, da wir zusammen Pot rauchen, bin ich meinem älteren Bruder viel näher.«
THERAPEUT: »Inwiefern?«
ALEXANDER: »Wenn wir rauchen, sind wir viel offener zueinander und können über alles reden ...«

Das Rauchen von Cannabis hilft Jungen, sich zu öffnen. Sie legen ihre Hemmungen ab, und die Interaktion mit anderen wird authentischer. Das Rauchen von Cannabis ist zu einem Lebensstil geworden, und viele Jungs rauchen vor, während und nach einem sozialen Event. Sei es eine Schulparty, der jährliche Schulausflug oder ein Familientreffen – Cannabis ist ein Teil davon. Cannabis hat anscheinend die Funktion eines sozialen Klebstoffs übernommen, eine Hauptstraße Richtung Zugehörigkeit.

Jenseits von Gut und Böse

Das Umfeld, in dem Jungs heute erzogen werden, ist eingebettet in eine Kultur, die den Konsum psychoaktiver Substanzen toleriert und sogar damit sympathisiert. Es überrascht nicht, dass viele Jungs die Legalisierung von Cannabis argumentativ sehr versiert verteidigen und dessen Wirkstoffe, die zu unterschiedlichen Bewusstseinszuständen führen, detailliert beschreiben können. Ihre Kenntnisse erstrecken sich auch auf medizinische Aspekte des Cannabisgebrauchs und die finanziellen Möglichkeiten, in Unternehmen zu investieren, die verschiedene Cannabisprodukte herstellen.

Natürlich konsumieren Jugendliche und Heranwachsende seit Generationen Alkohol und Cannabis, um in Stimmung zu kommen. Obwohl der Alkoholkonsum weiter verbreitet ist als der von Cannabis, werden die meisten Adoleszenten dadurch nicht zu Alkoholikern – unter anderem deshalb nicht, weil sie sich der Risiken eines ausschweifenden Alkoholkonsums bewusst sind. Bei Cannabis ist die Situation anders. Jungs, die Cannabis rauchen, wissen wenig über die damit verbundenen Gefahren und Risiken. Ein Junge recherchiert vielleicht ernsthaft zu den Auswirkungen des Konsums von Cannabis und bleibt dennoch uninformiert. Das Ergebnis ist, dass viele der Jungs die Fallstricke nicht kennen, und dasselbe gilt für ihre Eltern (Berenson, 2019).

> THERAPEUT: »Ich habe von Ihrem Sohn gehört, dass Sie ihm erlauben, in seinem Zimmer einen Stash (Vorrat an illegalen Drogen zum Eigenkonsum) anzulegen …«
>
> ELTERN: »Nicht, dass wir das gut finden, aber wir halten das nicht für so ein großes Ding.«
>
> THERAPEUT: »Was Sie vorher über die Menge von diesem Zeug gesagt haben, das er in seinem Schrank lagert, ist das so, als ob er fünf Flaschen Wodka verwahren würde. Ich bin sicher, Sie würden ihm nie erlauben, so viel Schnaps in seinem Zimmer zu haben …«
>
> ELTERN: »Natürlich nicht! Aber sind Sie sicher? Kommt das wirklich fünf Flaschen Wodka gleich?«

Die meisten Eltern wissen, welche Alkoholmenge schädlich ist; sie können die einzelnen alkoholischen Getränke voneinander unterscheiden und kennen die Bedeutung der auf den Flaschen angegebenen Prozente. Auf diesem Wissen beruhen wichtige Familiendiskussionen über verantwortungsvolles Trinken. Dagegen wird in Familien über Cannabis fast nicht gesprochen. Stattdessen verwahren sich die Eltern aus einer weitgehend irrationalen Angst heraus starr gegen den Cannabisgebrauch, oder sie geben sich aus Bequemlichkeit und einem falsch verstandenen Gefühl der Sicherheit heraus tolerant. Schlussendlich sind diese beiden Positionen kontraproduktiv, da der Sohn am Ende seine Einstellung zu Cannabis allein finden muss.

Das richtige Gespräch

Manche Eltern sehen im Cannabiskonsum den Anfang einer schiefen Bahn, den Einstieg in die brutale Welt der Drogen. Wenn also ihr Sohn mit dem Rauchen beginnt, wähnen sie ihn auf dem sicheren Weg, ein kompletter Junkie zu werden. Mit dieser Einstellung erzeugen sie einen Riss in der Beziehung zu ihrem Sohn. Der Grund für diesen Beziehungsriss ist der, dass der Junge den Eindruck hat, die Eltern haben keine Ahnung, wovon sie eigentlich sprechen – schließlich rauchen doch alle; manche seiner Freunde rauchen jeden Tag; doch keiner von ihnen ist in das Milieu harter Drogen abgeglitten. Jungs verlieren nicht nur den Glauben an ihre Eltern und auch die Hoffnung, jemals mit ihnen unter vier Augen reden zu können, sondern sie kommen auch – und das ist noch gefährlicher – zu der Überzeugung, dass das Rauchen von Pot sicher sei.

ELTERN: »Wir haben ihm gesagt: In unserem Haus wird kein Pot geraucht!«
THERAPEUT: »Was haben Sie damit gemeint?«
ELTERN: »Dass er das schon gar nicht ausprobieren soll. Weil es ihn ruinieren würde!«
THERAPEUT: »Ich bin auch der Meinung, dass der Konsum von Cannabis voller Risiken ist, aber die Wahrheit ist – Sie haben das nicht unter Kontrolle. Er wird es so machen, wie es ihm gefällt, ob Sie das wollen oder nicht.«
ELTERN: »Wollen Sie damit sagen, dass wir nichts tun können?«
THERAPEUT: »Im Gegenteil, Sie können sehr viel tun. Aber um überhaupt etwas tun zu können, muss Ihr Sohn Sie ernst nehmen, Ihnen zuhören und offen mit Ihnen reden können. Mit Ihrer Null-Toleranz-Haltung zerstören Sie die Möglichkeit eines sinnvollen Gesprächs; Sie verlieren Ihre Glaubwürdigkeit und die Chance, ihn zur Veränderung zu motivieren; er wird Ihnen nicht glauben, dass Sie ihm wirklich dabei helfen können, das Rauchen zu reduzieren oder ganz einzustellen.«

Auf der gegenteiligen Position befinden sich die Eltern, die das Rauchen von Cannabis als einen lediglich harmlosen Zeitvertreib betrachten.

ELTERN: »Er hat uns erzählt, dass das Rauchen ihm sehr gut tut, vor allem deshalb, weil er dadurch seinen Alkoholkonsum signifikant reduziert hat.«
THERAPEUT: »Und was halten Sie davon?«
ELTERN: »Er hat recht. Cannabis ist weniger schädlich.«
THERAPEUT: »Das klingt so, als ob es für ihn nur die beiden Optionen

gibt – entweder Alkohol trinken oder Dope rauchen. Mit anderen Worten: Die Herausforderungen des Lebens sind nur durch Substanzmissbrauch zu bewältigen. Ich glaube nicht, dass Sie eine so falsche Denkweise akzeptieren müssen.«

Praktischer Tipp: Wir reden jetzt nicht über Legalisierung!

THERAPEUT: »Wie viel rauchst du?«
MAX (16 Jahre): »Manchmal jeden Tag, aber bestimmt jedes Wochenende.«
THERAPEUT: »Das ist eine ganze Menge, oder?«
MAX: »Alle rauchen. Bald wird es legalisiert.«

Der Junge wird seine Rauchgewohnheiten rechtfertigen, indem er behauptet, dass die Legalisierung von Cannabis nur eine Frage der Zeit sei. Seine Eltern werden erwidern, dass Cannabis zum jetzigen Zeitpunkt immer noch illegal ist. Das führt zu einer Art Diskussion, die der Sohn mit wehenden Fahnen gewinnen wird, weil er auffallend gut darauf vorbereitet ist:

ELTERN: »Du wirst Ärger mit der Polizei bekommen. Verstehst du eigentlich nicht, dass es illegal ist?!«
THEO (17 Jahre): »Bald wird es legalisiert. Die Polizei kümmert das so oder so nicht.«

Im Normalfall können Jungen Argumente für die Legalisierung von Cannabis im Schlaf herunterbeten. Sie blühen bei hitzigen Debatten über die rechtlichen Aspekte des Besitzes und Konsums von Cannabis auf. Doch diese Art von Gespräch ist unter den gegebenen Umständen nicht hilfreich.

Stattdessen müsste über die nicht rechtlichen Risiken des Rauchens von Pot gesprochen werden, insbesondere über den Punkt, an dem der Cannabiskonsum Schaden anrichtet. Legalität ist keine Garantie für Sicherheit. Autofahren ist vollkommen legal und kann doch unter bestimmten Umständen extrem gefährlich sein. Ähnlich können bestimmte scheinbar harmlose Substanzen abhängig machen, wenn sie im Übermaß und ohne die notwendige Vorsicht konsumiert werden, zum Beispiel Zucker, Koffein und Medikamente. Jungen wissen nicht um die Gefahren, die mit dem Gebrauch von Cannabis verbunden sind; sie glauben, der Stoff kann ihnen nicht schaden:

BEN (18 Jahre): »Cannabis ist eine Pflanze, es ist etwas Natürliches!«
ELTERN: »Das stimmt, ist aber in diesem Punkt völlig irrelevant und uninteressant. Wichtig ist, wie du erkennen willst, dass das Rauchen von Pot dir schadet!«
BEN: »Das werde ich schon wissen!«
ELTERN: »Woher? Denken wir doch mal darüber nach …«
BEN: »Also ich vermute mal, dass ich mich allmählich benehme wie unser Nachbar Jerry, der ständig bekifft ist …«

Gespräche wie die obigen sind nützlich, weil sie auf Zusammenarbeit beruhen und die Eltern nicht versuchen, sich als Anwälte aufzuspielen, die über die Legalität von Cannabis Urteile fällen, sondern das bleiben, was sie sein sollten: die Eltern.

Eine schleichende Abhängigkeitsentwicklung

Das Hauptproblem beim Cannabisgebrauch ist, dass die Kontrolle darüber schleichend und unmerklich verloren geht (DeRamus, 2011). Und wenn das geschieht, erkennt der Junge nicht, dass er seine Gewohnheit nicht mehr unter Kontrolle hat – und die Wahrheit ist, er will das auch nicht wissen. Erst nachdem er zu viel und zu lange Cannabis geraucht hat, wird er sich eingestehen, dass er nicht mehr frei entscheiden kann, wie viel er rauchen will; aber in diesem Stadium wird eine solche Einsicht nur noch den Wunsch nach einem weiteren Joint in ihm wecken.

Jungs werden aus allen Richtungen mit tendenziösen Botschaften und Halbwahrheiten über die Gefahren bzw. fehlenden Gefahren des Rauchens von Cannabis bombardiert. Bei all dem Sand, den die Medien ihnen in die Augen streuen, können sie sich wahrscheinlich keinen klaren Eindruck davon machen, welchen Schaden das Rauchen von Cannabis anrichten kann, wie hoch der Grad der Abhängigkeit sein wird und wie quälend das Problem des Entzugs werden kann.

Wenn man es mit inkorrekten Informationen zu tun hat, verhindert das die genaue Einschätzung einer Situation, und Informationen über das Rauchen von Pot bilden dabei keine Ausnahme. Es ist auch nicht hilfreich, wenn Promis unentwegt mit ihrem regelmäßigen Konsum von Cannabis prahlen und angeblich ungeschoren davonkommen. Die Eltern mögen ähnliche Erfahrungen gemacht haben, aber die sind in dieser Hinsicht völlig nutzlos: Vielleicht haben sie im Gymnasium Gras geraucht, aber das Marihuana, das sie geraucht haben, ist weit entfernt von dem Zeug, mit dem ihr Sohn seinen Joint füllt. Tatsächlich ist Cannabis, das heute auf dem Markt ist, weitaus potenter, sodass einige Fachleute es sogar insgesamt als eine ganz andere Droge einstufen.

Dieses fehlende Bewusstsein für die Gefahr einer Cannabisabhängigkeit ist – zum Teil – auf die Unschärfe von Suchtdefinitionen zurückzuführen. Bei welchen Symptomen liegt Abhängigkeit vor? Weshalb ist das Verhalten ehemaliger Cannabiskonsumenten so anders als bei anderen Personen mit einer Abhängigkeit?

> JONAS (16 Jahre): »Ich habe einen Freund, der ein schwerer Kiffer ist; er wickelt sich nur noch den Shit in Joints.«
> THERAPEUT: »Würdest du ihn als Süchtigen bezeichnen?«
> JONAS: »Ich weiß wirklich nicht, aber der Kerl tut nichts außer Rauchen.«
> THERAPEUT: »Beängstigend ...«
> JONAS: »Ja, aber ich rauche lang nicht so viel wie er ...«

Ja, die wenigsten, die Cannabis rauchen, werden davon abhängig – genauer gesagt 9 % der Erwachsenen und 17 % der Adoleszenten laut Statistik (Hill, 2015). Das sieht zwar nicht allzu schlecht aus, aber angesichts der insgesamt großen Zahl von Rauchern ist das keine zu vernachlässigende Zahl.

Der Suchtprozess »passiert«: Die Abhängigkeit schleicht sich an das Unbewusste des Jungen heran. In der Anfangsphase nimmt die Häufigkeit des Rauchens allmählich zu, wobei er wahrscheinlich glaubt, dass das kein Problem ist oder ihm sogar guttut. Für diese Fehleinschätzung kann man Jungen kaum die Schuld zuschieben: Cannabis wird nicht nur in der Medizin verwendet, sondern unterscheidet sich auch von vielen anderen Substanzen insofern, als es den Nutzer nicht außer Gefecht setzt. Im Unterschied zu Alkohol oder harten Drogen enden Jungen nach dem Rauchen von Pot selten völlig entkräftet oder müssen in die Notaufnahme eingeliefert werden. Aber genau da liegt die Gefahr: Es gibt auf dem Weg zur Sucht keinerlei Warnzeichen. Sie kriecht in den Jungen hinein, während alles in Ordnung zu sein scheint und er sich der völligen Kontrolle sicher ist.

In der Adoleszenz kann der Übergang vom Cannabiskonsum zur Cannabisabhängigkeit sehr schnell passieren (Bracken, Rodolico u. Hill, 2013). Die Mischung aus sozialen Herausforderungen und Veränderungen im Gehirn während dieser Entwicklungsphase macht Jungen besonders vulnerabel. Zwischen der Adoleszenz und dem Alter von 25 Jahren durchläuft das Gehirn signifikante Veränderungen, die nur vergleichbar sind mit denen in den ersten fünf Lebensjahren. Diese dramatischen Veränderungen wirken sich auf die Lerngeschwindigkeit des Kindes aus – sei es in Mathematik, Geschichte oder – beim Adoleszenten – in der Verinnerlichung des Gedankens, dass Cannabis Gefühle der Minderwertigkeit, Langeweile und vor allem der fehlenden Zugehörigkeit zum Verschwinden bringt (Szalavitz, 2017).

Zugang zu anderen und einer Gemeinschaft finden

Sehr wenige von uns haben das Glück, dazu angeleitet worden zu sein, wie man mit einem gefühlten Mangel an Zugehörigkeit umgeht. Über diese Erfahrung wird nicht viel gesprochen, und bei ihrer Bewältigung sind wir weitgehend auf uns selbst angewiesen. Infolgedessen können Jungs, die mit diesem Gefühl konfrontiert sind, schnell vor Scham wie gelähmt sein:

> Liam (15 Jahre): »Ich saß da in der Gruppe und hatte das Gefühl, kein Teil davon zu sein.«
> Therapeut: »Klingt, als ob du das Gefühl hattest, nicht dazuzugehören; das Gefühl kommt häufig vor, aber wenige Menschen reden darüber.«
> Liam: »Aber es scheint, als ob ich der Einzige bin, der so empfindet.«

Eine Reflexionsfrage Was tut Ihr Sohn, wenn er das Gefühl hat, nicht dazuzugehören?

Das Verlangen nach einem Joint ist oft ein unbewusster Versuch, das Problem der fehlenden Zugehörigkeit zu lösen, Verbundenheit mit anderen Menschen zu erleben und die inneren Stimmen zum Schweigen zu bringen, die von Unterschieden künden und den Schmerz von Anderssein aufwühlen. Viele Jungen werden von Schamgefühlen überwältigt, wenn sie sich nicht als Teil der Gruppe fühlen können. Sie haben insgeheim Angst, dass ihre Freunde sie nicht wirklich mögen oder respektieren. Sie zwingen sich, sich ihrem sozialen Umfeld anzupassen, wissen aber oft in ihrem Innersten, dass sie anders sind. Das Rauchen gibt ihnen den Eindruck, dass sie verstanden werden, und die Illusion einer tiefen und dauerhaften Verbundenheit – insgesamt eine neue und mitreißende Empfindung.

Derlei Zustände werden auch perpetuiert durch die Stille, die sich in der Entrücktheit von der Welt, dem fehlenden Gefühl von Zugehörigkeit und der Entfremdung von sich und anderen in hohem Maße ausbreitet (Turner, 2017). Jungen können meistens nur schwer zu ihrem starken Bedürfnis nach Zugehörigkeit stehen. Doch wenn sie rauchen, können sie sich öffnen, ihre Vulnerabilität akzeptieren und zu anderen in Verbindung treten. Wenn sie miteinander über Pot reden, so berichten Jungen, werden allerlei Themen angesprochen, und wenn das Gespräch ins Stocken gerät, können sie immer auf das Thema Rauchen zurückkommen. So haben sie also stets ein Thema in der Hinterhand, eine Möglichkeit, den Austausch fortzusetzen, und ein Instrument, das die innere Stille zur Verbundenheit macht.

Vertrautheit entwickelt sich im Verlauf wiederkehrender Begegnungen, und diese sind für heutige Jungen ohne die Vermittlung von Games oder Cannabiskonsum unwahrscheinlich. Das gemeinsame Rauchen mit Freunden ist nicht nur ein probater Weg, um Freundschaften zu stärken und soziale Kreise zu erweitern, sondern auch eine Möglichkeit, viele der mit persönlichen Interaktionen verbundenen Hindernisse aus dem Weg zu räumen.

Gemeinsames Rauchen bietet Jungs eine neue Erfahrung: Teil einer Gruppe von Menschen zu sein, die sich umeinander kümmern.

Cannabis macht die Jungs offener, sodass sie verständnisvoller und empathischer werden. So haben sie es leichter, sich einerseits um andere zu kümmern und andererseits Fürsorge und Achtsamkeit ohne Zynismus zu akzeptieren.

Bei einem Jungen kann das Rauchen von Cannabis eine Art gemeinschaftliche Solidarität und auch so etwas wie Stammeskameradschaft befördern, das heißt eine Verbundenheit mit anderen, mit denen er ein gemeinsames Interesse und bestimmte Wertvorstellungen teilt. In einer solchen Gruppe werden Isolation und Selbstzweifel in Begeisterung, Frieden, Sicherheit und Verbundenheit umgesetzt. Diese Allianz erzeugt neue Freundschaften, die wiederum die Einsamkeit in Schach halten.

Teil einer Gruppe zu sein, lässt in Jungen das Gefühl von Verbundenheit, Stolz und Begeisterung entstehen und kann sie sogar dazu motivieren, Initiative zu ergreifen und zu handeln:

> GABRIEL (17 Jahre): »Ich habe angefangen, in einer Band zu spielen.«
> THERAPEUT: »Wirklich? Klasse! Wie kam das?«
> GABRIEL: »Wir hatten eine Session, rauchten zusammen, und dann redeten wir über Musik und beschlossen, das mal auszuprobieren.«

Das gemeinsame Rauchen von Cannabis erzeugt ein Gefühl von Gleichheit, das den Zugang zu anderen Menschen erleichtert. Soziale Spannungen, Unsicherheit und Misstrauen lassen nach, sodass ein Junge sich in Gesellschaft von anderen behaglicher fühlen kann. Cannabis hilft ihm, die zu zwischenmenschlichen Beziehungen gehörende Reziprozität auf eine Weise zu verstehen, die ihm zuvor unmöglich war. Die gemeinsame Aktivität begünstigt Nähe und Zugehörigkeit und bewirkt, dass der Junge freundlich und zugewandt sein möchte. Gemeinsames Rauchen führt zu gegenseitiger Anerkennung und Akzeptanz. Dieses neu erworbene Vertrauen, auch wenn es nur vorübergehend ist, erzeugt in Jungen ein Gefühl von hinreichender Sicherheit, um mit Menschen in Interaktionen zu treten, die ihnen unter normalen Umständen Angst einjagen würden.

Doch alle diese Vorteile haben einen hohen Preis: Wenn der Junge sich jetzt mit Freunden trifft, muss er rauchen – immer.

Julian (16 Jahre): »Ich sagte ihnen, dass sie ein paar Joints mitbringen müssten, ansonsten gäbe es keinen Grund, sich zu treffen.«
Therapeut: »Warum das denn?«
Julian: »Warum sollten wir uns ohne Pot treffen?«

Gemeinsames Rauchen von Cannabis ermuntert zwar zu Vertrautheit und Geselligkeit, aber wenn Jungen sich mit Freunden treffen und nicht rauchen, assoziieren sie damit Entfremdung, Unzufriedenheit und Distanziertheit. Deswegen kommen viele Jungen nur zum Rauchen persönlich mit Freunden zusammen; denn je andere Art von Begegnungen verursacht Verlegenheit, Unbehagen und Langeweile. Darüber hinaus können sie die sozialen Fertigkeiten, die sie beim Rauchen entwickeln und spüren – der Flow, der Witz, die Offenheit –, nicht unbedingt auf andere Situationen übertragen; und so bleiben diese Fertigkeiten sehr abhängig vom gemeinsamen Cannabiskonsum.

Ein Junge erlebt eine weitere schmerzhafte Desillusionierung, wenn er feststellt, dass seine Mitraucher nur an Weed interessiert sind und nicht an seiner Person:

Therapeut: »Was ist geschehen? Du scheinst niedergeschlagen ...«
Samuel (16 Jahre): »Ich weiß nicht, ich glaube, einige meiner Freunde wollen sich nur deshalb mit mir treffen, weil ich ihnen helfe, über meinen Dealer Weed zu beschaffen.«
Therapeut: »Du glaubst, dass sie nur an Pot interessiert sind?«
Samuel: »Ja, so etwas in der Richtung.«

Natürlich kommt es in den meisten Fällen nicht so weit. Die Rauchkumpels sind selbst auch nur Kumpels. Doch viele Jungs, die andere mit Cannabis versorgen – sich sozusagen um sie kümmern –, haben Zweifel an ihrer Attraktivität.

Wenn Jungs das Rauchen von Cannabis aufgeben, bezahlen sie dafür einen hohen Preis, dass sie nämlich wichtige Beziehungen aufgeben. Tatsächlich versuchen viele nicht einmal, das Rauchen aufzuhören, weil sie Angst haben, dass sie dadurch Freunde und die Gemeinschaft verlieren. Daran ist etwas Wahres: Es ist schwierig, das Rauchen einzustellen und die Verbindung zu Freunden zu halten, deren Aktivitäten sich größtenteils um das Rauchen von Pot drehen.

Aus diesem Grund entscheidet manchmal eine Gruppe von Freunden, dass sie das Rauchen gemeinsam aufzugeben versuchen. Eine solche Lösung ist sehr sinnvoll, doch meistens sind es ältere Jungen, die sich dafür entscheiden. Für Adoleszente bedeutet die Cannabisabstinenz oftmals, dass sie wichtige Beziehungen verlieren und neue Freundschaften mit Jugendlichen suchen müssen, deren Leben sich nicht um Cannabis dreht.

Ein Heilmittel gegen Langeweile

In einer Welt, die voller Reize ist, scheinen gewöhnliche Freizeitbeschäftigungen wie das Herumhängen mit Freunden, Unterhaltungen oder das Spielen schlicht und einfach langweilig zu sein.

> ELTERN: »Jedes Mal, wenn du dich langweilst, spielst du entweder am Computer oder du rauchst. Könntest du dir nicht einmal etwas Kreativeres einfallen lassen?«
> BRUNO (17 Jahre): »Was zum Beispiel?«

Unsere technologische Welt macht Jungs anfälliger für Langeweile. Erstens sind sie darauf konditioniert, passiver zu sein und Abwechslung von außen zu erwarten, entweder durch Gerätschaften oder durch Aktivitäten, die ihre Eltern initiiert haben. Zweitens bringt die Technologie viele Ablenkungen hervor: die Jungs und jungen Erwachsenen von heute können ihre Aufmerksamkeitsspanne nicht mehr über einen längeren Zeitraum aufrechterhalten, sobald die Reize gering sind oder Konzentration gefordert ist, zum Beispiel beim Lesen, bei Familienmahlzeiten, Unterhaltungen oder Brettspielen. Außerdem suggerieren Fernsehen, Instagram und andere Medien, dass ihnen ein Leben nicht endender Spannung und Erheiterung zusteht; alles, was sie tun, muss außergewöhnlich und speziell sein. Die Folge ist, dass einfache Beschäftigungen als nicht erfüllend angesehen werden.

Auch wenn Langeweile eine der gewöhnlichsten menschlichen Emotionen ist, kann sie leicht ignoriert und unterschätzt werden. Langeweile ist »schweigsam« und wird weniger ernst genommen als stärkere Emotionen wie Wut oder Angst. Doch sie führt nicht weniger wahrscheinlich zu einer Fülle von negativen Verhaltensweisen, unter anderem zum Schikanieren, zu Gewalttätigkeit und Abhängigkeiten (Mann, 2016).

> THERAPEUT: »Warum trinkst und rauchst du so viel?«
> DANIEL (16 Jahre): »Was kann man sonst in dieser Stadt tun? Es ist soooo langweilig ... es ist nichts los.«

Jungen haben viel Freizeit und wissen nicht, was sie damit anfangen sollen. Um die Freizeit genießen zu können, muss man »Mußefertigkeiten« haben, die gesunde und konstruktive Möglichkeiten des Umgangs mit Langeweile erlauben. Doch die meisten von uns glauben nicht, dass die Eltern ihren Kindern diese Fertigkeiten genauso wie andere wichtige Bewältigungsstrategien beibringen müssen. Aber ohne ein solches Training besteht bei Jungen – besonders bei den für Langeweile anfälligen Kindern – das Risiko, dass sie eine Menge Probleme entwickeln, zum Beispiel Angst und Depression, aggressive Tendenzen, Spielsucht und, ja, auch Cannabisabhängigkeit.

Eine Reflexionsfrage Wie würden Sie die Anfälligkeit Ihres Sohnes für Langeweile einschätzen: unterdurchschnittlich/durchschnittlich/ überdurchschnittlich?

Jungs entscheiden sich für wenig Mühe kostende Strategien, um ihre Langeweile zu vertreiben, indem sie zum Beispiel ihr Smartphone checken, am Computer spielen oder sich einen Joint drehen. Das Ergebnis ist, dass die eher positiven Bewältigungsmechanismen – vor allem das Träumen mit offenen Augen und der Einsatz der eigenen Fantasie – auf der Strecke bleiben. Außerdem verhindern Vermeidungsstrategien, dass Langeweile das persönliche Wachstum des Jungen dadurch fördern kann, dass er in sich hineinschaut (Hawkins, 2016).

> LUCA (18 Jahre): »Meine Eltern verstehen das nicht – mein Leben ist interessanter und weniger langweilig geworden, seit ich mit dem Rauchen angefangen habe.«
> THERAPEUT: »Du hast früher viel am Computer gespielt, oder? Ich

dachte, du bist vielleicht ein bisschen abhängig vom Gaming. Wie ist das jetzt?«

LUCA: »Jetzt habe ich ein Leben. Ich gehe aus und treffe Freunde, ich höre Musik. Es ist völlig anders.«

Die tägliche Beschäftigung von Jungen mit Cannabis gibt ihrem Leben einen Sinn und wirkt der Langeweile entgegen. Dabei gibt es immer aufregende Probleme zu lösen: Wird man an Pot kommen? Wie? Mit wem wird man gemeinsam rauchen? Diese Fragen halten Jungs in Spannung, beschäftigt und motiviert und erzeugen in ihnen sogar ein Gefühl von Identität. Ihr Alltagsleben ist plötzlich nicht mehr langweilig, sondern angefüllt mit andauernder Aktivität, die sie – was paradox genug ist – als positiv und produktiv wahrnehmen.

Keine Erwartungen, kein Schmerz

Langeweile muss keine unmittelbare Ursache für Leidensdruck sein. Sie öffnet eher die Tür zu schmerzlichen Emotionen, die in der Folge von Prozessen der Selbstreflexion ins Bewusstsein dringen. Bei Jungen, die sich als Verlierer empfinden und äußerst kritisch mit sich umgehen, ist daher das Risiko größer, dass sie ihr gesamtes Leben rund um Cannabis einpendeln. Mit dem Rauchen von Cannabis verdecken sie ihre Gefühle von Minderwertigkeit und lenken den Geist von unangenehmen Gedanken ab – die um fehlenden Erfolg in der Gegenwart oder Zukunftssorgen kreisen können.

Und an dieser Stelle wird die durch Schamgefühle erzeugte Dynamik in Gang gesetzt. Wie in den vorigen Kapiteln ausgeführt, entsteht Scham aus der Diskrepanz zwischen dem Anspruch des Jungen an sich selbst und seinen konkret erzielten Leistungen. Je größer die Kluft, desto stärker sind seine Schamgefühle. Wir haben schon festgestellt, dass ein Junge, um diese Kluft zu verkleinern, eher die Ansprüche an sich selbst herunterschraubt, als dass er Anstrengungen unternimmt, um diesen Ansprüchen zu genügen. Diese Regression fordert insofern einen hohen Preis, als Misserfolge perpetuiert werden, aber aus Sicht des Jungen macht das auch Sinn: Er hat endlich seinen inneren Frieden gefunden. Eine solche Lösung ist besonders verlockend, da die Alternative die wäre, seine Ansprüche an sich selbst aufrechtzuerhalten und weitere Anstrengungen zu unternehmen – was zum einen keinen Erfolg garantiert und zum anderen das enorme Risiko in sich birgt, dass er sich am Ende noch minderwertiger und entmutigter fühlt und von Schamgefühlen noch schmerzhafter überwältigt ist.

Die Sache ist die: Je geringer das Selbstwertgefühl des Jungen ist und je niedriger seine Ansprüche an sich selbst sind, desto weniger Schaden wird er im Rauchen von Cannabis erkennen.

Sie sind sich nicht im Klaren über den Zusammenhang zwischen dem Rauchen von Weed und den Ansprüchen an das eigene Selbst. Eigentlich sind sie davon überzeugt, dass das eine nichts mit dem anderen zu tun hat:

> THERAPEUT: »Ist es möglich, dass das Rauchen deine Erwartungen an dich selbst gefährdet?«
> PAUL (17 Jahre): »Das glaube ich nicht. Im Moment habe ich eine Phase, in der die Schule nicht wichtig ist.«
> THERAPEUT: »Glaubst du, dass das Rauchen sich auf deine Motivation auswirkt?«
> PAUL: »Ich weiß nicht.«

Demnach ist der Zusammenhang zwischen Cannabiskonsum und dem Zurückschrauben der Ansprüche an das eigene Selbst reziproker Natur, wobei sich beide Aspekte wechselseitig verstärken. Ebenso gilt: In dem Maße, in dem das Rauchen von Pot einen gewissen Schutz bietet, wenn sich das Leben farblos anfühlt und die Dinge außer Kontrolle geraten, intensiviert sich dieses Gefühl von Sinnlosigkeit und Hilflosigkeit infolge des Rauchens. Je stärker der Junge seine Kontrolle schwinden sieht, desto mehr verwandelt sich sein Wunsch zu rauchen in das Bedürfnis zu rauchen. Und irgendwo auf diesem Weg werden sinnvolle und produktive Möglichkeiten zur Linderung des Leidensdrucks – mithilfe von Familie, Freunden, Arbeit und Leistungen – durch den Cannabiskonsum ersetzt.

Sieben Grundsätze beim Ergreifen von Maßnahmen

Komplexe Probleme lassen sich selten mit einfachen Lösungen aus der Welt schaffen. Die Eltern sollten versuchen, allzu rigide oder allzu tolerante Ansätze zu vermeiden. Bei der Planung von Strategien müssen sie wissen, dass es keine »Einheitsgröße« für Lösungen gibt.

1. Grundsatz: Die Situation richtig einschätzen

Rauchen und Rauchen ist nicht dasselbe. Jungen, die freitags abends hin und wieder mit Freunden Weed rauchen, sitzen nicht im selben Boot mit denjenigen, die vor und nach der Schule Cannabis konsumieren. Im erstgenannten Fall hat der Junge den Eindruck, dass Cannabis seinen Horizont erweitert und sein Leben bereichert – und er könnte damit sogar richtig liegen. Diese Art des Rauchens ist so ähnlich, wie wenn man auf einer Feier gelegentlich Alkohol trinkt. In einer solchen Situation täten die Eltern gut daran, ihren Sohn im Auge zu behalten und sich kontinuierlich mit ihm über einen akzeptablen im Gegensatz zu einem destruktiven Cannabisgebrauch auszutauschen. Doch es gibt andere Jungen, für die das Rauchen keine freie Entscheidung mehr darstellt, sondern zu einem Zwang geworden ist. Die Eltern sollten sich mit den Anzeichen des intensiven Cannabiskonsums vertraut machen: spezifischer Geruch, glasige Augen, beeinträchtigtes Gedächtnis, veränderte Schlaf- und Essmuster, verminderte Motivation, Distanzierung von anderen, Depression, Angst. In solchen Fällen müssen die Eltern wissen, dass ihr Kind in Schwierigkeiten steckt; sie dürfen nicht warten, bis ihr Sohn zu diesem Schluss kommt, bevor sie handeln – meistens trifft es ihn dann viel später.

> **Praktischer Tipp:** Streit zwischen den Eltern über das Thema »Das ist ein Problem – das ist kein Problem« sollte vermieden werden
>
> Besorgte Eltern sind sich vielleicht uneins, ob der Cannabiskonsum für ihren Sohn problematischer ist oder nicht, und streiten über dieses Thema. Ich nenne diese Art von Konflikt den Streit über »Das ist ein Problem – das ist kein Problem«:

MUTTER: »Ich meine, wir sollten nichts unversucht lassen, dass er mit dem Rauchen von Pot aufhört!«

VATER: »Ich weiß wirklich nicht, was ich sagen soll – ich habe auf dem College viel geraucht, und mir hat es nicht geschadet ...«

MUTTER: »Aber siehst du denn nicht, wie es ihn beeinträchtigt?!«

VATER: »Tue ich, ich meine nur nicht, dass wir deshalb hysterisch werden sollten.«

MUTTER (zum Therapeuten): »Sehen Sie? Ich muss mit diesem Problem ganz allein fertig werden!«

Beide Seiten haben vielleicht recht, aber das Gespräch ist abwegig. Es ist nicht hilfreich, wenn die Sichtweisen der Eltern diametral entgegengesetzt sind. Die Eltern müssen Gegensätzlichkeiten wie etwa gut-schlecht, Problem-kein Problem vermeiden und stattdessen gemeinsam überlegen, wie sie im Leben ihres Kindes präsent und relevant bleiben können. Wenn sie mehr über die Wirkungen von Cannabis erfahren, etwas über die Pros und Kontras des Cannabiskonsums lernen, dann kann ihnen das sehr helfen, einen sinnvollen Zugang zu ihrem Sohn zu finden und ihn dahin zu geleiten, dass er bessere Entscheidungen über seinen Cannabisgebrauch trifft.

2. Grundsatz: Hindernisse gegen das Rauchen aufbauen

Die Eltern können zwar nicht kontrollieren, ob ihr Sohn Gras raucht oder nicht, aber sie haben einen gewissen Einfluss darauf, was die Menge und Häufigkeit des Rauchens angehen. In solchen Situationen gilt die Faustregel: Je leichter die Eltern dem Sohn den Cannabisgebrauch machen, desto mehr Pot wird er wahrscheinlich konsumieren.

ELTERN: »Was sollen wir mit der Tasche voller Weed machen, die wir unter seinem Bett gefunden haben?«

THERAPEUT: »Lassen Sie sie verschwinden – dasselbe was Sie tun würden, wenn Sie Wodka in seinem Schrank finden würden. Wir wollen eine Umgebung haben, wo der Gebrauch von Substanzen eingeschränkt ist und kontrolliert wird.«

ELTERN: »Was erreichen wir, wenn wir ihm das Zeug wegnehmen?

Das nächste Mal wird er einfach vorsichtiger sein und einen besseren Ort finden, um seinen Grasvorrat zu verstecken!«
THERAPEUT: »Das ist möglich. Wenn Sie heute eine Grenze ziehen, ist das keine Garantie dafür, dass er morgen nicht etwas in seinem Zimmer versteckt, aber die Menge wird wahrscheinlich viel kleiner sein. Im Moment scheint er sein Zimmer als einen sicheren und angemessenen Lagerort auch für das Dope seiner Freunde zu betrachten.«

Praktischer Tipp: Überbehütung kann das Risiko vergrößern

Die Eltern, deren Sohn Cannabis raucht, sind in einer unerträglichen Situation: Einerseits wissen sie, dass das Rauchen ihm schadet, und andererseits ist es ihr primäres Anliegen, ihr Kind zu beschützen. Doch in diesem speziellen Fall kann diese Motivation kontraproduktiv sein:

ELTERN: »Wir hätten es lieber, wenn er daheim raucht und nicht irgendwo in einem Hinterhof.«
THERAPEUT: »Wo ist da die Logik?«
ELTERN: »Wir hoffen, dass er sich so aus Schwierigkeiten heraushält. Wir versuchen, die Risiken zu minimieren.«
THERAPEUT: »Aha, ich verstehe. Aber was ist mit dem Risiko, dass er mehr Cannabis konsumiert? Das ist sehr real: Er muss sich nicht einmal aufraffen, um wegzugehen – er kann sich einfach in seinem heimischen Zimmer einen Joint anzünden. Natürlich wird er mehr rauchen. Das ist ein Rezept für Abhängigkeit.«

3. Grundsatz: Die Qualität der Eltern-Kind-Beziehung wirkt sich auf das Rauchverhalten aus

Im Rahmen der Suchtbehandlung nutzen wir das Wertesystem der betreffenden Person, um darauf ihre Motivation aufzubauen, aus dem Abhängigkeitskreislauf ausbrechen zu wollen. Doch in der therapeutischen Arbeit mit Jungs, die noch kein Wertesystem entwickelt haben, dient die Beziehung zu ihren Eltern und ihrer Familie als eigentliche Motivationsbasis für Veränderung.

Das Verhältnis zwischen dem Jungen und seinen Eltern hat Einfluss darauf, wie viel er raucht und bis zu welchem Grad er das Rauchen einstellen will und kann (Foote, 2014). Wenn die Eltern sehen, dass ihr Sohn allmählich in den Sumpf der Abhängigkeit abgleitet, agieren sie tendenziell strenger, und das ist der Auslöser für die Eskalation des Konflikts und die Entfremdung. Der durch die daraus entstehenden Streitigkeiten erzeugte Druck weckt in dem Jungen ein noch stärkeres Verlangen nach Cannabis und bringt ihn anderen Kindern näher, die sich von ihren Eltern entfernt haben und ihre Tage mit Rauchen verbringen.

Eine positive Beziehung zu einem Sohn aufrechtzuhalten, der Missbrauch mit Cannabis treibt, ist eine ziemliche Herausforderung. Wenn die Eltern erleben, dass ihr Sohn ständig bekifft ist, »Null Bock« auf etwas hat und seine Zeit verschwendet, ist das für sie äußerst schmerzhaft. Unter diesen Umständen ist Handeln ein Muss, aber die Eltern sollten nicht dem Impuls nachgeben, die Situation eskalieren zu lassen oder den Jungen aufzugeben, weil das alles noch schlimmer machen würde.

4. Grundsatz: Veränderung durch Reflexion, nicht durch Vorhaltungen bewirken

Jungs, die Gras rauchen, haben eine bestimmte Einstellung zu Cannabis – in manchen Fällen im positiven, in anderen Fällen im missbräuchlichen Sinn. Ein Junge erliegt vielleicht der falschen Vorstellung, dass Cannabis ihm im Umgang mit seiner Umwelt hilft, während in Wirklichkeit das Gegenteil der Fall ist: Es begünstigt die Abkoppelung von der Welt. Und es ist für einen Jungen keineswegs leicht, sich mit der wahren Natur seiner Einstellung zu Cannabis zu konfrontieren.

> TIM (17 Jahre): »Jetzt, da ich rauche, bin ich nicht mehr so nervös und gewalttätig wie früher.«
> THERAPEUT: »Es fühlt sich gut an, so ruhig zu sein, das Leben ins rechte Licht zu rücken …«
> TIM: »Oh, ja …«
> THERAPEUT: »Und was würde passieren, wenn du nicht rauchen könntest? Wenn es, sagen wir mal, völlig unmöglich wäre?«

TIM: »Dann wäre ich richtig bestürzt, ich würde irgendwie komplett ausrasten.«
THERAPEUT: »Klingt, als ob du dann in der Patsche sitzen könntest. Einerseits willst du ruhig und entspannt sein, aber andererseits weißt du, dass du dafür Cannabis brauchst. Also eigentlich bist du so etwas wie abhängig davon.«

Der Gebrauch von Cannabis ist ein komplexes Thema, und Jungs brauchen einen Menschen, der mit ihnen über diese Komplexität reflektiert – jemanden, der ihnen ihre Vorstellung und Einsichten zurückspiegelt. Mithilfe einer solchen Interaktion können Jungen sich selbst und anderen gegenüber eingestehen, dass Cannabis für sie schädlich sein kann. Es ist ein subtiler Prozess, der von den Eltern Geduld und Beharrlichkeit erfordert, aber dieses Vorgehen ist weitaus erfolgreicher als der Versuch, ihre eigenen Vorstellungen auf die Realität ihres Sohnes zu übertragen:

ELTERN: »Siehst du eigentlich nicht, dass Cannabis dir schadet?«
SIMON (16 Jahre): »Ich habe euch doch gesagt, dass alles unter Kontrolle ist ...«
ELTERN: »Du hast die Kontrolle schon längst verloren!«

Die Eltern sind zweifellos besorgt, aber genau ihr Kummer hält sie davon ab, Einfluss auf ihren Sohn zu nehmen. Andererseits könnten sie ihm mit einigen respektvollen Fragen viel effizienter helfen, über die unterschiedlichen Aspekte des Cannabiskonsums nachzudenken.

ELTERN: »Wir machen uns Sorgen um dich.«
SIMON: »Ich habe euch schon tausend Mal erzählt, dass Ihr euch nicht sorgen müsst.«
ELTERN: »Es ist gut, dass du die Kontrolle hast, und wir schätzen es auch, dass du uns keine Sorgen machen willst. Wir fragen uns nur, ob du manchmal nicht doch zu viel rauchst. Wir sind sicher, du weißt, wann das der Fall ist.«
SIMON: »Manchmal denke ich darüber nach, aber ich versuche, es nicht zu übertreiben.«

Möglicherweise hatte dieses Gespräch eine Wirkung auf den Jungen – nicht zuletzt deshalb, weil er am Anfang der Unterhaltung nicht zugestehen musste, zu wissen, dass er zu viel raucht. Für Ihn könnte das ein erster Schritt sein, die Ehrlichkeit und den Mut aufzubringen und zuzugeben, dass Cannabis ihn in Schwierigkeiten bringen kann.

5. Grundsatz: Eine gute Beziehung zum Sohn und zugleich »Nein« zu Cannabis sagen

Es wird generell angenommen, dass ein Cannabiskonsument das Rauchen nur aufgeben kann, wenn er das Problem grundlegend verstanden und eine sachkundige und unabhängige Entscheidung für seinen Schritt getroffen hat (Gogek, 2015). Diese Ansicht ist oft nicht richtig. Viele Jungs entschließen sich zu einer Verhaltensänderung, erst nachdem Freunde den Kontakt zu ihnen abgebrochen haben, ihre Eltern sie aus dem Haus zu werfen drohten oder der Richter sie warnte, dass bei fortgesetztem Cannabiskonsum das Gefängnis auf sie wartet. Tatsächlich hören viele Jungs mit dem Rauchen von Cannabis auf, wenn sie feststellen, dass der dafür zu zahlende Preis zu hoch und es die Sache nicht wert ist.

Ich behaupte nicht, dass ein streng-liebesvolles Herangehen das Cannabisproblem löst. Tatsächlich ist ein gewisser Druck bei leichten Rauchern und bei solchen Jungen, deren Alltagstüchtigkeit durch Cannabis relativ unbeeinträchtigt ist, anscheinend wirksamer. Der Entschluss zum Aufhören scheint bei starken Cannabisrauchern mit bestimmten Umständen oder Konsequenzen insofern weniger verbunden zu sein, als Abhängigkeit im Grunde einen zwanghaften Konsum der Substanz darstellt, auch wenn er negative Folgen hat. Der tatsächlich Abhängige setzt trotz der zahlreichen Schläge, die er durch seine Gewohnheit einstecken muss, seinen Cannabismissbrauch fort. Und dennoch können die Eltern Macht und Entschlossenheit demonstrieren, indem sie eine nicht-strafende Strategie verfolgen, die als »gewaltloser Widerstand« oder »Neue Autorität« bekannt ist (Omer u. von Schlippe, 2016). Die Prinzipien des gewaltlosen Widerstands bzw. der neuen Autorität der Eltern beruhen auf der sozialpolitischen Praxis des gewaltlosen Widerstands (bzw. der gewaltlosen Aktion) und besagen, dass Ziele durch gewaltfreie Methoden wie zum Beispiel symbolische Proteste, zivilen Ungehorsam und die Ablehnung wirtschaftlicher oder politischer Zusammenarbeit erzielt werden können.

Dabei handelt es sich um einen Ansatz des Elterntrainings, bei dem die Eltern unter der Anleitung eines Therapeuten vielerlei Proteste gegen den Cannabiskonsum ihres Sohnes anbringen und zu diesem Zweck auch eine Gruppe von Unterstützern wie etwa Angehörige und Freunde rekrutieren. Die Eltern veranstalten zum Beispiel »Sit-in-Streiks« im Zimmer ihres Sohnes oder anderswo, zeigen aber durch offene Versöhnungsgesten immer, dass sie eine positive Beziehung zu ihm bewahren. Ein solch demonstratives Verhalten der Eltern übt Druck auf den Sohn aus, sein Leben neu zu bewerten und sich auf einen Veränderungsprozess einzulassen. Durch die Einbindung von Unterstützerinnen ergibt sich eine fürsorgliche Gemeinschaft, die Eltern und Sohn helfen soll, miteinander im Dialog zu bleiben und eine Eskalation zu vermeiden. Letztlich können die Eltern mithilfe solcher »Widerstandsmaßnahmen« ihre Integrität insofern bewahren, als sie das Gefühl haben, etwas aktiv zu tun, statt passiv die Verschlechterung bei ihrem Sohn zu bezeugen.

6. Grundsatz: Den Cannabiskonsum beenden ist eine entmutigende Aufgabe – viel schwerer als man denkt

Weil Jungs nicht gern glauben, dass Cannabis süchtig macht, sind sie überrascht, wenn sie beim Versuch, das Rauchen aufzugeben, mit erheblichen Schwierigkeiten konfrontiert sind. Und weil sie hauptsächlich Geschichten von Jungs hören, die problemlos mit dem Rauchen aufhören konnten, deuten sie die Härte der Prozedur als persönliche Schwäche und als Scheitern – und diese Haltung trägt wiederum zum Verlangen nach Cannabis bei. Jungen sind einfach nicht auf das breite Spektrum von Entzugssymptomen vorbereitet, zu dem Aggression, Gereiztheit, Schlaflosigkeit, Appetitlosigkeit und Gewichtsverlust, Depressionen, Zittern, Bauchschmerzen, Kopfschmerzen, Fieber und Schwitzen gehören. Die Einschlafschwierigkeiten stellen sie besonders auf die Probe, weil sie Cannabis in erster Linie als Betäubungsmittel benutzt haben.

Da der kalte Entzug besonders schwierig ist, suchen auch Jungen, die entschlossen mit dem Rauchen aufhören wollen, erst einmal nach einem Kompromiss, das Rauchen zu reduzieren, ohne es komplett aufzugeben. Viele entscheiden sich dafür, nur an Wochenenden zu rauchen – was eine sehr vernünftige Lösung zu sein scheint, weil sie sehen, dass die meisten ihrer Freunde das sowieso so machen. Die meisten Jungs, die diesem Entschluss treu bleiben können, sind bis dahin nicht abhängig geworden. Die anderen behalten »für alle Fälle« einen kleinen Grasvorrat, ihre Bongs und Papers für Joints – eine Eventualität, die leider oft zur Wirklichkeit wird.

Viele Jungen beginnen die Ernsthaftigkeit ihres Zustandes erst zu verstehen, nachdem sie mehrere Male versucht haben, das Rauchen aufzugeben, und gescheitert sind. Wie schmerzhaft eine solche Erkenntnis auch sein mag, sie könnte insofern produktiv sein, als sie das Bemühen des Jungen, das Rauchen von Cannabis ganz aufzugeben, verstärkt.

7. Grundsatz: Motivation liegt in den Emotionen und weniger in der Willenskraft

Mit dem Rauchen vorübergehend aufzuhören ist kaum ein Problem: Jungs machen das ständig – wenn sie mit ihren Eltern in Ferien gehen, wenn sie sich kein Cannabis beschaffen können, wenn sie krank sind oder beschließen, mit dem Rauchen aufzuhören. Das wirkliche Problem ist, dem Entschluss treu zu bleiben, und das heißt in diesem einschlägigen Fall, mehr als nur ein paar Tage lang vom Rauchen Abstand zu nehmen.

Wenn Jungen versuchen, das Rauchen allein durch Willenskraft endgültig aufzugeben, scheitern sie wahrscheinlich. Wenn jemand sich auf seine eigene Willensstärke verlässt, kann das als kurzfristige Strategie, die mühevoll ist und einen großen Energieaufwand erfordert, tatsächlich effizient sein, aber solche Anstrengungen sind meistens nicht von langer Dauer. Genau aus diesem Grund scheitern viele von uns daran, die gesteckten Ziele, zum Beispiel die Einhaltung einer Diät, zu erreichen. Und doch halten wir die Willenskraft tendenziell für den Motor der Veränderung – für eine Kraft, die über Emotionen hinausgeht, für eine Fähigkeit, die Versuchungen abwehrt und Impulse zügelt.

Doch faktisch ist Willensstärke stark abhängig vom emotionalen Zustand und insbesondere vom Vorhandensein von Dankbarkeit, Mitgefühl und Stolz (DeSteno, 2018). Diese drei Emotionen sind unabdingbar für positive Interaktionen sowohl mit den Menschen in unserem Umfeld als auch mit uns selbst. Außerdem regulieren alle drei Emotionen das Schamgefühl – die Emotion, die den Jungen überhaupt erst dazu getrieben hat, auf Cannabis zurückzugreifen.

Dankbarkeit ist im Kern die Bereitschaft, Wertschätzung für Güte und Freundlichkeit zu zeigen und beides wieder zurückzugeben. Das muss keine unmittelbare Reaktion auf die Handlungen eines anderen Menschen sein, sondern ergibt sich vielmehr aus der Konzentration auf ein positives Geschehen, das einem das Gefühl gibt, »von der Welt beschenkt« worden zu sein (Fredrickson, 2009). Dankbarkeit öffnet unsere Herzen und erweckt in uns den Wunsch, etwas zurückzugeben. Wenn Jungen diese Emotion spüren, motiviert sie das zu Anstrengungen, sodass sie die empfangene Güte und Freundlichkeit zurückgeben können.

Auch das Mitgefühl trägt dazu bei, die Selbstkontrolle und Willenskraft zu bewahren, indem es zu einer konstruktiven Bewältigung von Fehlschlägen fähig macht. Es lässt Verständnis und Vergebung entstehen, statt Kritik und Impulse zu strafen – auch sich selbst – zu erzeugen, die den Jungen wieder zum Cannabisgebrauch treiben würden.

Und auch der Stolz ist eine Emotion, die entsteht, wenn wir unseren Ansprüchen an uns selbst gerecht werden. In diesem Sinn ist diese das genau Gegenstück zum Schamgefühl, das ausgelöst wird, wenn wir an Ansprüchen an uns selbst scheitern. Der Stolz hilft einem Jungen bei der Bewältigung von Herausforderungen des Lebens, weil er das Gefühl bekommt, dass diese Schwierigkeiten seinem Leben einen Wert und Sinn geben. Der Stolz befeuert den Willen des Jungen, den Schmerz zu bewältigen, der mit der Beendigung des Cannabiskonsums verbunden ist; denn der Schmerz an sich wird als Vorbote des Erfolgs wahrgenommen, der wiederum das dynamische Geschehen um den Cannabisverzicht aufrechterhält:

> Therapeut: »Wie fühlt sich das an, drei Wochen ohne Cannabis?«
> Till (17 Jahre): »Es ist hart; ich kann nicht glauben, dass ich das geschafft habe.«
> Therapeut: »Aber du schaffst es tatsächlich!«
> Till: »Ja, ich bin wirklich stolz auf mich!«
> Therapeut: »Ich bin auch stolz auf dich.«

Gründe für vorsichtigen Optimismus

Je zufriedener ein Junge mit sich ist, desto leichter kann er seine Gewohnheit des Cannabisgebrauchs aufgeben. Mit anderen Worten: Je stärker sein innerer Antrieb und je mehr er an sich glaubt, desto größer sind seine Erfolgsaussichten. Die meisten Jungs, die Cannabis rauchen, auch heftige Raucher, finden an irgendeinem Punkt eine Möglichkeit, den Cannabiskonsum einzustellen oder beträchtlich zu reduzieren. Die Eltern können diesen naturgemäßen Anlauf beschleunigen, indem sie respektvoll gegenüber den Anstrengungen ihres Sohnes agieren und die Rolle und Bedeutung des Cannabiskonsums in der heutigen Jugendkultur zu verstehen versuchen.

Jungen begreifen irgendwann von allein, was ihre Eltern und andere maßgebliche Personen ihnen die ganze Zeit schon erzählt haben – dass das Rauchen von Cannabis wichtige Leistungen im Leben behindert. Doch diese Einsicht kommt erst mit zunehmender Reife.

Jungs wenden sich von Cannabis ab, wenn sie neue Wege der Zugehörigkeit entdecken. Es ist kein Zufall, dass viele das Rauchen aufgeben, sobald sie ihre erste wichtige Beziehung eingehen – vorausgesetzt, ihre Partnerin oder ihr Partner raucht nicht stark Cannabis. In solchen Fällen gibt der Junge das Rauchen nicht auf, weil er ein Zugeständnis an die Aufforderung der Partnerin oder des Partners macht: »Wenn du nicht aufhörst, verlasse ich dich!«, sondern weil eine Liebesbeziehung sich besonders dafür eignet, dass Jungen sich selbst akzeptieren lernen.

In sinngebenden Beziehungen – die nicht unbedingt romantischer Natur sein müssen – können Jungs zu sich selbst, zu ihren Zielen und Wünschen Zugang finden. Sie können entdecken, dass sie sich nicht für die Schwächen, die sie vor sich und anderen durch das Rauchen von Cannabis verbergen wollten, schämen, sondern einfach als Teil eines Menschen betrachten müssen.

VI Ein langer und kurvenreicher Weg zum Erwachsensein

Im Blockbuster »Das Kind im Manne« (Originaltitel: »Big«) aus dem Jahr 1988 spielt Tom Hanks einen Jungen, der den Wunsch in sich trägt, ein wirklicher Erwachsener zu werden. In seinem Erwachsenenkostüm besorgt er sich eine Arbeit in einem Spielwarengeschäft, und dank seines kindischen Gemüts, das er sich trotz seiner äußeren Verwandlung erhalten hat, hat er fulminanten Erfolg und klettert schnell die Karriereleiter hoch. Der Film drückt die Sehnsucht aus, die Generationen von Jungs früher hegten: endlich in die Welt der Erwachsenen einzutreten. Doch die Zuschauer von heute halten den Film wahrscheinlich für angestaubt. Um in der heutigen Generation von Jungs den richtigen Ton zu treffen, müsste die Handlung genau umgekehrt verlaufen: Ein erwachsener Protagonist sehnt sich danach, die Wonnen der Kindheit wiederzugewinnen: beschützt und verhätschelt zu werden und frei von Pflichten und Verantwortung zu sein.

Heute haben es die Jungen viel weniger eilig, erwachsen zu werden. Was früher einmal die Merkmale der späten Adoleszenz waren – zum Beispiel abends ausgehen, sich mit Mädchen treffen, den Führerschein machen, sexuell aktiv sein –, das wird heute auf später verschoben (Twenge, 2017). Junge Männer bleiben lieber zu Hause oder hängen bei ihren Eltern herum, und statt nach Autonomie zu streben, bitten sie die Eltern, sie mit dem Auto zu den gewünschten Orten zu fahren.

Die Jungs von heute entwickeln sich tatsächlich in einer anderen Geschwindigkeit als früher, und das ist besonders auffällig bei jungen Männern zwischen 18 und 30 Jahren. Viele Jahrzehnte lang hielt man die Adoleszenz für die Entwicklungsstufe, die den Übergang von der Kindheit zum Erwachsensein markiert, aber heutzutage wird ein spätadoleszenter Junge ganz anders wahrgenommen als ein junger Erwachsener. Der Grund für dieses veränderte Tempo des Reifungsprozesses ist noch unklar, aber da dieses Muster kulturübergreifend und überall zu beobachten ist, hat es für die Anpassung an das moderne Leben wahrscheinlich bestimmte Vorteile.

Mit der Verlangsamung des Reifungsprozesses hat sich eine neue Entwicklungsstufe herausgebildet, die das Bindeglied zwischen Adoleszenz und Erwachsensein darstellt und als Übergang zum Erwachsensein, als eine Art Transitionsphase (emerging adulthood, übersetzbar mit »aufkommendes Erwachsenenalter«) bezeichnet wird (Arnett, 2014). Die Notwendigkeit, eine neue Entwicklungsstufe abzugrenzen, ist nicht ohne Beispiel: Die bekannte und sogenannte Adoleszenz wurde erst an der Wende zum 20. Jahrhundert (1904, um genau zu sein) als unabhängige Entwicklungsphase definiert, und zwar im Zusammenhang mit der Entstehung des öffentlichen Schulwesens (besonders der High School in den USA) und den technologischen Veränderungen im Nachgang der industriellen Revolution. Wir halten die Adoleszenz für ein natürliches Merkmal der menschlichen Entwicklung, und heute könnte sich wahrscheinlich niemand eine Welt ohne die typischen Gemütsschwankungen von Teenagern, ohne ihre Streitigkeiten mit den Eltern, ohne ihre riskanten Verhaltensweisen und all den übrigen Besonderheiten vorstellen.

Dieses aufkommende Erwachsenenalter ist auf ähnliche Weise das Ergebnis von Veränderungen sowohl technologischer als auch sozialer Art und gekennzeichnet durch die folgenden Tendenzen (Arnett u. Fishel, 2014):

- Erforschung der Identität: Fragen wie etwa »Wer bin ich?«, die früher typisch waren für die Phase der Adoleszenz, stellen sich dem jungen Menschen heute erst später. In dieser Zeit denken junge Männer über die Wahl einer beruflichen Richtung nach, die zu ihnen passen würde, sie versuchen zu verstehen, wonach sie in einer Beziehung suchen, und sie erkunden generell Wege, um ein sinnerfüllteres Leben zu führen.
- Instabilität: Wenn ein junger Mensch seine Identität erforscht, probiert er in diesem Zusammenhang verschiedene Arbeitsplätze und zwischenmenschliche Beziehungen aus. Permanente Veränderungen in vielen Lebensbereichen, ohne dass er einen Handlungsstrang verbindlich verfolgt, führen bei den Eltern zu enormer Frustration und bei dem Jungen zu Verwirrung.

- Selbstfokussierung: Junge Menschen im aufkommenden Erwachsenenalter (emerging adults) sind sehr auf sich selbst konzentriert und in der Regel weniger auf die Bedürfnisse anderer Menschen eingestellt.
- Das Gefühl des »Zwischen-den-Stühlen-Sitzens«: Die Jungs handeln nicht wie mündige Erwachsene, ähneln aber auch nicht mehr den Adoleszenten. Dieser Zustand des »Dazwischen-Seins« ist zum Teil auf ihre Ambivalenz gegenüber dem Erwachsenwerden zurückzuführen.
- Hohe Ansprüche und ein Sinn für Möglichkeiten: Junge Männer glauben, dass sie sehr erfolgreich sein können (und sollten).

Da diese Phase der Entwicklung neu und bis jetzt noch relativ unerforscht ist, ist man diesen jungen Männern gegenüber sehr schnell voreingenommen und missinterpretiert ihre Verhaltensweisen als Faulheit, übermäßiges Anspruchsdenken oder als Egozentrismus. Schwierig könnte es ferner sein, mangels realistischer Standards, welche Verhaltensweisen in dieser Phase als angemessen betrachtet werden, die Anzeichen einer echten Entwicklungshemmung zu erkennen, die dringend elterliche Maßnahmen und eine systemische Intervention erfordern, und diese Anzeichen von einer normalen Entwicklungsverzögerung zu unterscheiden.

Über eine solche Situation sind nicht allein die Eltern und Fachleute ziemlich verwirrt; denn viele junge Männer sind sich selbst noch nicht im Klaren darüber, ob sie noch Kinder oder schon Erwachsene sind:

> MARK (22): »Wir waren etwa zehn Kinder bei der Party.«
> THERAPEUT: »Kinder?«
> MARK: »Sie wissen schon, Freunde ...«
> THERAPEUT: »Oh, Freunde ... ich dachte, Sie meinten Kinder ...«
> MARK: »Also, in gewisser Weise sind wir immer noch Kinder ...«

Obwohl junge Männer im Alter von 18 (und erst recht mit 25) Jahren biologisch und im juristischen Sinn Erwachsene sind, haben viele von ihnen in ihrer psychischen und sozialen Entwicklung noch nicht die Qualitäten entfaltet, die wir Erwachsenen zuschreiben, zum

Beispiel Verantwortungsbewusstsein oder Unabhängigkeit. Diese Diskrepanz kann zu einem Gefühl des Scheiterns und der Enttäuschung führen. Sowohl die jungen Männer als auch ihre Eltern müssen unbedingt begreifen, dass wir gerade Zeugen einer generell veränderten Geschwindigkeit der Entwicklung von Menschen in ihren Zwanzigern werden; ansonsten sind beide Seiten frustriert über fälschlicherweise als unreif beurteilte Verhaltensweisen und überwältigt von Schamgefühlen.

ELTERN: »Wie lernt er denn, unabhängig und verantwortungsbewusst zu werden? Verderben wir ihn nicht durch unsere bedingungslose Unterstützung?«
THERAPEUT: »Unterstützen heißt nicht verderben. In der heutigen Zeit brauchen junge Männer länger, um erwachsen zu werden, und das heißt auch, dass sie mehr Unterstützung brauchen. Ich glaube, Ihr Sohn ist in Ordnung; wie ich ihn wahrnehme, verzärteln sie ihn nicht. Sie müssen sich nicht schuldig fühlen.«

Was den jungen Mann anbelangt, so kann seine Erkenntnis, dass er sich gerade in dem Prozess des Erwachsenwerdens befindet, seine Schamgefühle darüber verringern, dass er nicht schnell genug Merkmale des Erwachsenseins entwickelt:

THOMAS (24 Jahre): »Ich bin ein Versager, ich habe keine Ahnung, was ich im Leben machen soll.«
THERAPEUT: »Sie leben in einer Welt, in der man mehr Zeit braucht, um zu wissen, wohin man steuern soll. Eine solche Unsicherheit ist nicht einfach, aber ich bin mir sicher, dass Sie Ihren Weg finden werden.«

Eine Reflexionsfrage Inwieweit beeinträchtigt das Reifungstempo Ihres Sohnes Ihr eigenes Leben?

Wenn sich das Erwachsenwerden verzögert, verlängert sich die Elternschaft

Vorbei sind die Zeiten, als die Eltern sich sagen konnten: »Ich erfülle meine elterlichen Pflichten, bis unser Sohn 18 Jahre alt ist, und ab dann ist er selbstständig.« Immer mehr junge Männer bleiben bei den Eltern wohnen, bis sie ihre Ausbildung oder sogar ihr Studium abgeschlossen haben – sodass die Eltern für ihre Söhne viel länger sorgen müssen, als sie erwartet hatten, was zum Konflikt führen kann. Natürlich waren unreife Verhaltensweisen unter jungen Männern auch in der Vergangenheit nicht unbekannt; im Unterschied zu früher wussten die Eltern davon nichts, weil die Jungen nicht im Elternhaus wohnten und von ihren wachsamen Augen weit entfernt waren. Die Eltern konnten einfach nicht wissen, wann ihre Söhne betrunken waren, in ihrem Zimmer ein Chaos herrschte, sie nicht zur Arbeit gingen, sich mit ihrem Chef stritten oder sich im Freundeskreis unanständig benahmen. Die Dinge haben sich verändert: Heute geschieht das alles im Elternhaus, genau vor den Augen der Eltern, die das provozierend und beunruhigend finden.

Die Lebensführung junger Männer von heute fordert zweifellos von Eltern finanziell und emotional einen Tribut. Doch dieses Phänomen hat auch positive Aspekte; der wichtigste ist die Stärkung der Eltern-Kind-Beziehung. Früher war es so, dass nach dem Auszug des Kindes die emotionale Vertrautheit zwischen ihm und seinen Eltern mehr oder weniger erodierte. Heute erzeugt die Präsenz des Sohnes das Potenzial für eine stärkere und sinnstiftende Beziehung, die beide Seiten bereichert.

> THERAPEUT: »Wie empfinden Sie die Nähe, die Ihr Sohn Ihnen gegenüber zeigt?«
> ELTERN: »Es ist merkwürdig ... wir haben nicht geglaubt, dass Jungs in seinem Alter so eng mit ihren Eltern verbunden sein können. Deutet das nicht darauf hin, dass er unselbstständig ist? Eine Art erwachsener Säugling?«
> THERAPEUT: »Weit davon entfernt. Eine solche Nähe ist heute typisch für viele junge Leute. Sie können das genießen ohne Skrupel oder Vorbehalte!«

Generationen von Eltern sind dafür heftig kritisiert worden, dass sie einen freundschaftlichen Umgang mit ihren Kindern pflegten, und doch stellen wir fest, dass eine Freundschaft mit den Söhnen nicht nur möglich, sondern sogar wünschenswert ist. Ältere Jungs brauchen keine Kritik und keine Disziplinierung (selbst wenn sie anscheinend um beides bitten); sie brauchen Rat und Führung. Auch wenn sie unreife Verhaltensweisen zeigen können, hilft man ihnen nicht durch Erziehungsmaßnahmen, die für Adoleszente oder jüngere Kinder geeignet sind. Stattdessen brauchen sie Eltern, die eher wie gute Kumpels oder ältere Geschwister zu ihnen sind. In der Vergangenheit waren die Generationen klar voneinander abgegrenzt, wodurch die Kinder sich zum Verlassen des Elternhauses gedrängt fühlten und sie sich von dieser Belastung befreien konnten. Heute leben Eltern und Kinder einen ganz ähnlichen Lebensstil, der eine eher auf Gleichheit beruhende, echte und enge Beziehung ermöglicht.

> **Eine Reflexionsfrage** Wie eng möchten Sie die Beziehung zu Ihrem Sohn haben?

Das Verhältnis der Eltern zu ihren älteren Kindern ist freundschaftlicher geworden: Sie sind an ihrem Leben beteiligt, fungieren weiterhin als ihre Ratgeber und sind vertraut mit Einzelheiten, die einst als höchst privat betrachtet wurden. Verlängerte Elternschaft kann die Basis für eine bedeutsamere Eltern-Kind-Beziehung sein – solange die Eltern akzeptieren, dass das alte Modell sich verändert hat, bei dem die Elternschaft mit Erreichen des Alters des Kindes von 18 Jahren beendet war. Das Muster, das das alte Modell ersetzt hat, ist keine triviale Angelegenheit, weil die Eltern selbst oft in einer Lebensphase sind, in der sie Pläne verwirklichen wollen, die sie zurückgestellt hatten, als sie ihre Kinder großzogen. Die verzögerte Reife von Jungs beeinträchtigt diese Bestrebungen, was oft zu Frustration führt.

Die Kluft zwischen erwachsen (adult) und noch nicht erwachsen (präadult) sein

Das Ende der Ausbildung bzw. der Schulabschluss war für Adoleszente schon immer mit Ängsten verbunden, aber früher ging diese

Erfahrung eng einher mit einer starken Sehnsucht danach, in die Welt der Erwachsenen einzutauchen und die sich dadurch öffnende Fülle an Möglichkeiten zu erleben. Heute haben diese Ängste weitaus tiefere Wurzeln – zum Teil deshalb, weil der Übergang in die Erwachsenenwelt viel von ihrer Verlockung verloren hat:

> THERAPEUT: »Sie werden bald Ihren Abschluss machen! Was für ein Gefühl verbinden Sie damit?«
> FLORIAN (23 Jahre): »Es ist merkwürdig, das ist der Beginn des echten Lebens.«
> THERAPEUT: »Haben Sie das Gefühl, darauf vorbereitet zu sein?«
> FLORIAN: »Ich bin mir nicht so ganz sicher.«

Einer der Gründe, weshalb Adoleszenten die Erwachsenenwelt nicht mehr so attraktiv erscheint, liegt darin, dass Jungen eine scharfe Trennung zwischen Erwachsensein und den ihm vorausgehenden Phasen wahrnehmen (Tab. 2). Folglich sehen sie das Erwachsenenalter als eine Lebensphase, die mit sehr vielen Verpflichtungen und sehr wenig Rechten verbunden ist, während die Phase vor dem Erwachsensein anscheinend nur Spaß, Vergnügen und Freiheit bedeutet.

Tabelle 2: Die Wahrnehmung von Jungs: Kluft zwischen erwachsen (adult) und noch nicht erwachsen (präadult) sein

	Erwachsen (adult)	Noch nicht erwachsen (präadult)
Zeitvergabe	Arbeit	Spaß
Verantwortung	Hoch	Niedrig
Behaglichkeit	Niedrig	Hoch
Lebensqualität	Niedrig	Hoch

Bei Interaktionen mit Jungen sollte man die Dichotomie von erwachsen vs. noch nicht erwachsen und reif vs. unreif unbedingt überwinden. Hilfreicher ist es, wenn man das Wechselspiel zwischen Aspekten des Erwachsenseins und des Kindseins hervorhebt und sich auf die dynamischen und fließenden Merkmale dieser beiden Stadien konzentriert:

Timo (26 Jahre): »Ich weiß nicht, ob ich erwachsen bin.«
Therapeut: »Glauben Sie, dass jemand eines Tages urplötzlich erwachsen ist?«
Timo: »Natürlich nicht, aber ich habe nicht das Gefühl.«
Therapeut: »Aus dem, was Sie mir so erzählt haben, fühlen Sie sich manchmal wie ein Erwachsener und manchmal nicht. Manchmal fühlen Sie sich mit eher reifen Aspekten Ihres Selbst verbunden und manchmal mit den eher kindlichen.«
Timo: »Sie haben recht, manchmal fühle ich mich wirklich erwachsen.«
Therapeut: »Ich glaube, dass alle Menschen so empfinden – so etwas wie einen hundertprozentigen Erwachsenen gibt es nicht.«

Praktischer Tipp: Jungs im Erwachsenenmodus
zu fassen bekommen

In früheren Zeiten wurde der Übergang vom Jugendalter ins Erwachsenenalter markiert durch Initiationsriten wie etwa die Bar Mitzwa, Einberufung in die Armee, den Abschluss der Ausbildung usw. Heute wird der Übergang von Jungen ins Erwachsenendasein nicht mehr durch eine Zeremonie oder eine besondere Verlautbarung markiert. Jungs merken nicht einmal, wenn sie zu Erwachsenen werden. Ein junger Mann kann dazu veranlasst werden, sich als Erwachsener wahrzunehmen, indem man auf Vorgänge oder Geschehnisse achtet, die bei ihm auf mündige Verhaltensweisen hindeuten, und man ihm diese Beobachtung dann zurückspiegelt:

David (23 Jahre): »Ich war auf einer Party, ich habe etwas getrunken, aber ich habe mich nicht betrunken.«
Therapeut: »Interessant ... weshalb glauben Sie, wollten Sie sich nicht betrinken?«
David: »Ich weiß nicht.«
Therapeut: »Vielleicht weist das darauf hin, dass Sie einen gewissen Reifegrad erlangt haben. Denken Sie einmal darüber nach: Früher wären Sie auf einer solchen Party sturzbetrunken gewesen.«
David: »Sie haben recht, mir war nicht danach, mich zu betrinken. Vielleicht bin ich in gewisser Weise reifer geworden.«

Arbeit und Vergnügen miteinander kombinieren

> ELTERN: »Er ist ständig darauf aus, Spaß zu haben.«
> THERAPEUT: »Ehrlich gesagt, sind wir, die Erwachsenen, auch ziemlich darauf fokussiert, Spaß zu haben.«
> ELTERN: »Aber wir rackern auch, damit wir unsere Vergnügungen verdienen.«
> THERAPEUT: »Stimmt, Sie haben die verflixte Kombination von Vergnügen und Arbeit schon gelöst. Ihr Sohn ist da noch nicht angekommen. Das gehört zu den Entwicklungsaufgaben, mit denen er konfrontiert ist, und das dauert.«

In jüngster Zeit ist es ein gesellschaftlich hohes Ziel, den Leidensdruck des Individuums zu minimieren und sein Glücklichsein zu maximieren. Hindernisse und Leiderfahrungen, früher Quellen der Sinnhaftigkeit, haben nicht mehr den Stellenwert und sind an den Rand gedrängt worden. Stattdessen zielt jede Anstrengung, ob wirtschaftlicher, geistiger oder physischer Natur, berechtigterweise auf Glücklichsein ab. Diese Einstellung ist optimistisch und als solche auch lobenswert, aber sie impliziert einige schwerwiegende Komplikationen – vor allem die folgenden:
- Die kontinuierliche Suche nach vergnüglichen Aktivitäten, die als »glücksfördernd« gelten.
- Verminderte Fähigkeit, mit Leiderfahrungen umzugehen.

Als die Medizin und die Entwicklung wirksamer Schmerzmittel noch nicht so weit fortgeschritten waren, wusste jeder Mensch, dass das Leben eine beschwerliche und manchmal schmerzhafte Reise ist. Heute muss niemand mehr körperliche Schmerzen ertragen, und die Widerstandsfähigkeit der Menschen gegenüber physischem als auch psychischem Unbehagen ist gesunken. Wenn also Jungen in die Welt hinausgehen und mit Schwierigkeiten konfrontiert sind, werden sie davon unvorbereitet erwischt. Außerdem sehen sie alle Hürden als einen Hinweis auf persönliches Scheitern und tun alles, um dieses zu vermeiden.

Praktischer Tipp: Fragen zum Nachdenken bei einem freitäglichen Abendessen

Warren Farrell und John Gray empfehlen in ihrem Buch »Boy Crisis« (2018) Familiengespräche als eine Möglichkeit, den Reifungsprozess von Jungen zu unterstützen und ihnen zu helfen, intensiver über ihr Leben nachzudenken. Fragen, die konstruktive Gespräche anregen können, sind beispielsweise die folgenden:
- Inwiefern ist die Hochschule notwendig? Inwiefern ist sie das nicht?
- Was hast du aus den Schwierigkeiten, denen du begegnet bist, über dich gelernt?
- Warum sind Schmerz und Leid wichtig im Leben? Was denkst du?

Früher sahen Männer einen Lebenssinn in schwerer Arbeit und der Aufopferung für andere Menschen und genossen im Gegenzug Status und Ansehen. Doch heute haben junge Männer nicht nur weniger Chancen, einen Arbeitsplatz zu finden und ihre beruflichen Fähigkeiten zu entfalten, sie saugen aus den Medien auch unzählige Botschaften ein, in denen erfolgreiche Männer und ihr sorgenfreies Leben voller Spaß vorgeführt werden. Auf dem Bildschirm scheinen sie alle mühelos viel Geld zu verdienen und den Rest ihrer Zeit mit Partys zu verbringen. Solche Darstellungen begünstigen eine Weltanschauung, der zufolge Anstrengungen zu vermeiden sind und die zu zwei weit verbreiteten Ansichten geführt hat:

Erstens, das Verlangen nach sofortiger Belohnung ohne Gedanken an die Zukunft: Immer mehr junge Männer verlieren die einfache Wahrheit aus den Augen, dass der Verzicht auf das sofort gewährte Vergnügen wahrscheinlich eine größere Freude in der Zukunft sichert. Einerseits sind Jungs voller Fantasien über noch nie dagewesene Erfolge; andererseits wollen sie nicht die für die Realisierung solcher Träume notwendigen Opfer erbringen. Statt einen Beruf zu lernen, in dem sie es im Leben zu etwas bringen könnten, spielen sie Videospiele oder nehmen eigenartige Jobs an. Meistens geben sie ihr verdientes Geld entweder für Auslandsreisen oder ein

Luxusgut aus. Sie leben im Elternhaus, um vorgeblich Geld zu sparen, aber eigentlich tun das nur wenige.

Zweitens, das Beharren auf außergewöhnlichem Erfolg und der Widerwille »gewöhnlich« zu sein: Viele Jungs träumen davon, »groß herauszukommen«, und wollen sich die offenkundige Tatsache nicht eingestehen, dass die meisten Menschen ein durchschnittliches Einkommen haben. Sie legen sich für ihre Zukunft eine unrealistische Agenda zurecht und haben keinen Plan B, falls diese scheitert:

> MATTHIAS (21 Jahre): »Ich möchte Profifußballer werden.«
> THERAPEUT: »Oh, ich verstehe … aber wenn ich das richtig verstehe, spielen Sie nicht mehr Fußball …«
> MATTHIAS: »Nein, nicht mehr viel.«
> THERAPEUT: »Haben Sie jemals ernsthaft in einer Mannschaft gespielt?«
> MATTHIAS: »Ja, ich habe in einer der besten Mannschaften im Land gespielt, bis ich 18 war, aber dann habe ich es aufgegeben.«
> THERAPEUT: »Ich wünsche Ihnen, dass Sie es schaffen, aber was, wenn es nicht klappt?«
> MATTHIAS: »Ich habe keine Ahnung, was ich dann tun werde.«

Praktischer Tipp: Jungs bei Enttäuschungen helfen

Viele Jungs nehmen die ihnen präsentierten Darstellungen von Erfolgen für bare Münze. Wenn sie dann mit dem echten Leben konfrontiert sind, erleben sie eine innere Wut, und viele fallen der Verzweiflung anheim. Eine Desillusionierung ist nicht leicht zu verkraften und erfordert elterlichen Beistand statt moralisierenden Vorwürfen: »Wir haben dir das doch gesagt«:

> KEVIN (25 Jahre): »Der Vorschlag, mit meinen Freunden ein Startup zu gründen, ist vom Tisch. Ich weiß jetzt wirklich nicht, was ich tun soll.«
> ELTERN (kämpfen gegen die Versuchung an, zu sagen: »Wir haben dir von Anfang an gesagt, dass das keine realistische Idee ist«): »Wie schade … aber wir glauben, dass du etwas anderes findest, das dich interessiert.«

Für den Jungen ist es besser, wenn die Erkenntnis, dass das Leben anders ist als erwartet, nicht von den Eltern kommt; sie sollten ihn eher unterstützen und ermutigen, wenn er das selbst einsieht.

Man ist versucht, junge Männer für ihre hedonistischen Einstellungen und Tendenzen zu kritisieren und sie als kindisch, naiv und wirklichkeitsfremd zu verurteilen. Doch eine solche Perspektive auf das Leben spricht eher für ein reifes Denken oder zumindest für weniger unschuldige Auffassungen, wie sie für frühere Generationen typisch waren. In vielen Bereichen haben junge Männer heute tatsächlich eine realistischere und zynischere Sicht auf die Vorgänge in der Welt – schließlich strotzen die Medien vor Informationen über weit verbreitete Ungleichheit, Korruption und fehlende Gerechtigkeit (Almog, T. u. Almog. O., 2019):

THERAPEUT: »Sagen Sie mal, warum gehen Sie keiner Arbeit nach?«
MICHAEL (22 Jahre): »Weshalb arbeiten? Um jemandem die Taschen zu füllen?«
THERAPEUT: »Zu meiner Zeit gingen junge Leute einer Arbeit nach. Sie haben fortwährend überlegt, wie die Welt funktioniert. Aber Sie sind nicht naiv, oder?«
MICHAEL: »Schauen Sie, es ist schwierig zu arbeiten, wenn man weiß, dass man ausgebeutet wird.«
THERAPEUT: »Ja, das macht wirklich keinen Sinn.«
MICHAEL: »Nicht wahr? Meine Eltern verstehen das nicht; sie halten mich für faul und unanständig.«
THERAPEUT: »Die Welt ist unanständig …«
MICHAEL: »Aber man muss trotzdem einen Weg finden, um beizukommen …«
THERAPEUT: »Jo.«

Die Eltern müssen wissen, dass ihre mitfühlende und unterstützende Haltung ihrem Sohn gegenüber vereinbar ist mit ihren Erwartungen an ihn, mit Schwierigkeiten zu kämpfen und sie zu bewältigen. Solche Erwartungen machen ihre Ratschläge wirkungsvoller, weil der Sohn spürt, dass sie die Komplexitäten seines Lebens verstehen.

Praktischer Tipp: Stellen Sie unbedeutende Fragen

Junge Männer befassen sich mit großen Fragen, die leicht Furcht, Angst und Paralyse auslösen können:
- Wie kann ich viel Geld machen?
- Wie kann ich im Leben vorwärtskommen?
- Woher weiß ich, dass ich auf dem richtigen Weg bin?
- Wie kommt es, dass ich aus meinem Leben bis jetzt nichts gemacht habe?

Es gibt Fragen, die einen Menschen weiterbringen, und es gibt Fragen, die ihn komplett lähmen (Maurer, 2019). Statt ihn kopfüber in solch weiträumige existenzielle Fragen wie: »Was willst du in deinem Leben machen?« zu stürzen, sollte man zuerst klar umgrenzte und weniger abschreckende Themen abklopfen. Versuchen Sie auch, Ihre Fragen subtiler zu gestalten; so können Sie reflexartige Reaktionen von Angst und Panik umgehen und Ihren Sohn zu Fortschritt und Bewegung ermutigen:
- Welche Kleinigkeit kannst du morgen erledigen, damit unsere Wohnung schöner wird?
- Welche Kleinigkeit können wir, deine Eltern, tun, damit es dir besser geht?
- Welche Kleinaktion musst du unternehmen, damit du mit den Zulassungstests für Hochschulen beginnen kannst?
- Wenn du hundertprozentig sicher wärst, dass du im Leben Erfolg haben wirst, was würdest du morgen früh als Erstes tun?

Wenn aus langsamer Entwicklung Stillstand wird

Eine große Herausforderung für die Eltern von Söhnen in ihren Zwanzigern besteht darin, dass sie den Moment bemerken müssen, in dem der langsame, aber normale Entwicklungsfortschritt zu einer ausgewachsenen Entwicklungsverzögerung wird. Dieser Zustand ähnelt dem Dilemma der Eltern von Adoleszenten, die extremen Stimmungsschwankungen unterliegen: Dann müssen die

Eltern entscheiden, ob solche Gefühlsschwankungen eine normale Manifestation des Erwachsenwerdens sind oder auf eine signifikante Schwierigkeit der Emotionsregulation hinweisen. In beiden Fällen ist das Kriterium, welches Ausmaß die problematischen Verhaltensweisen des Kindes annehmen und ob sein Zustand mit der Zeit besser wird oder sich verschlechtert.

Viele junge Männer sind von den Komplexitäten unserer sich ständig verändernden und verwirrenden Realität überwältigt und beschließen, sich an einem Ort zu isolieren, an dem sie mehr Kontrolle empfinden und weder Zurückweisung noch Scheitern noch Demütigung fürchten. Für diese Jungs gilt: »Anstatt zu leben, wollen sie ihrer Angst entgehen« (Branden, 1990). Sie bunkern sich in ihrer Wohnung oder ihrem Haus ein und vermeiden so Lebenserfahrungen, andere Menschen oder Feedback, das ihr fragiles Selbstwertgefühl untergraben könnte. Kurzfristig ist diese Strategie insofern wirksam, als der Junge vor Informationen und Vorgaben geschützt ist, die sein Selbstbild verletzen könnten. Doch langfristig ist dieses Verhalten destruktiv, da der Junge sich hinter einer Position der Selbstsucht und der Abkoppelung von seiner Umgebung verschanzt.

Immer mehr junge Männer »leben in der Welt wie Touristen in einem fremden Land, die sich verirrt haben und niemand nach dem Weg fragen wollen« (Zimbardo u. Coulombe, 2015). Sie fühlen und handeln wie Fremde, und diese Haltung hindert sie daran, in der Gesellschaft voranzukommen – also geben sie einfach auf:

> ELTERN: »Wir haben ihm gesagt, wir sind besorgt darüber, dass er nicht arbeitet und es nicht in Ordnung ist, dass wir arbeiten und er nicht.«
> THERAPEUT: »Und was hat er darauf gesagt?«
> ELTERN: »Es scheint ihn überhaupt nicht zu kümmern.«

Das Ende vom Lied ist, dass viele junge Männer ihre ganze Zeit am Bildschirm verbringen oder Drogen und Alkohol missbrauchen. Sie schaffen es nicht, zur Arbeit zu gehen, und manchmal können sie nicht einmal mehr das Haus verlassen. Sie geben alle ihre Ziele auf und koppeln sich komplett von ihrer Umwelt ab – was ihnen emotionales Leiden erspart, sie aber schließlich völlig gleichgültig und unmotiviert werden lässt.

Die Last der Scham abwerfen

Wenn jemand erkennt, dass er nicht mehr handlungsfähig ist, sich egoistisch benimmt oder ständig scheitert, dann erwarten wir, dass er sich schämt, was den ersten Schritt hin zur Übernahme von Verantwortung markieren sollte: »Oh, endlich hat er es geschafft!« In der richtigen Dosierung führt das Schamgefühl einen Menschen dazu, umzukehren und gesellschaftlichen Normen entsprechend akzeptable Verhaltensweisen anzunehmen. In einer solchen Situation kann man sich sagen: »Ich war auf dem falschen Weg, und jetzt will ich die Dinge richtig machen.« Doch wenn die Person von ihren Gefühlen entfremdet und dieser Art von konstruktiver Scham gegenüber unempfindlich ist, wird sie auf ihrer Position verharren und ohne Rücksicht auf ihr Umfeld das tun, was ihr gefällt.

Bevor ein solcher Mensch »schamlos« wird, erlebt er meistens allzu viel Scham über eine allzu lange Zeit. Aufgrund des sich hinziehenden und allumfassenden Schamerlebens vermeidet er alle Situationen, die dieses Gefühl von Neuem entfachen könnten. Am Ende ist jede zwischenmenschliche Beziehung oder auch die Möglichkeit einer authentischen Kommunikation beeinträchtigt, und die betreffende Person ist zu einem sinnvollen Gespräch nicht mehr fähig – jeder Versuch der Annäherung führt zu Frustration für alle Beteiligten. Die im Umfeld einer solchen Person lebenden Menschen (Familie, Freunde und Freundinnen) haben das Gefühl, einen Eiertanz um sie herum aufzuführen, denn jede unzensierte Bemerkung entfacht zwangsläufig eine intensive Reaktion und veranlasst sie, sich noch weiter in ihren Schutzpanzer der Entfremdung zurückzuziehen.

> ELTERN: »Aber wofür schämt er sich denn so?«
> THERAPEUT: »Er hat keinen Zugang zu etwas, das ihm Wert und Status zuschreiben könnte. Das Spielen am Computer gibt ihm vielleicht solche Gefühle, aber sie sind bestenfalls vorübergehend. Er hat keine Verbindung zu sich, seinen Wertvorstellungen, Freunden, seiner Familie, Arbeit und zu allen sinnvollen

Aktivitäten. Im tiefsten Inneren weiß er, dass er hoffnungslos gescheitert ist und bei allem scheitern wird. Das ist noch eine weitere Windung in der Schamspirale.«

Schamgefühle bewegen einen Menschen dazu, sich zu verstecken und andere Menschen sowie den Kontakt zu sich selbst zu vermeiden. Der junge Mann versteckt sich wegen seines (beruflichen, sozialen und schulischen) Scheiterns, seiner Abhängigkeiten (von Marihuana, Alkohol oder Internet) und sogar wegen seiner eigenen Existenz. Er kann es nicht mehr ertragen, von anderen gesehen zu werden, weil er Angst hat, dass dadurch sein Minderwertigkeitsgefühl noch wachsen würde, und weil auch das Zusammensein mit anderen sich anfühlt, als ob sie ihn nackt sehen würden.

Intensive Schamgefühle mindern auch enorm die Fähigkeit eines Menschen, Empathie zu empfinden, sodass seine Interaktionen der Umgebung schwer geschädigt werden (Tangney u. Dearing, 2003). Wenn der Sohn allmählich seine Fähigkeit verliert, zu kommunizieren und zu kooperieren, ist die Nähe zu den ihn umgebenden Menschen, die seine Minderwertigkeitsgefühle lindern und sein Gefühl von Zugehörigkeit steigern könnten, keine realistische Möglichkeit mehr. Vermeidung, Abkapselung und ähnliche Verhaltensweisen schützen den jungen Mann zwar vor den urteilenden Augen seines Umfeldes, aber sie hindern ihn auch daran, zu anderen Menschen Zugang zu finden – und ein solcher Kontakt wäre das wirksamste Heilmittel gegen seine Schamgefühle.

Einerseits wird ein Mensch vor Schamgefühlen bewahrt, wenn er sich versteckt und abschottet. Andererseits erhält diese Art der Lebensführung die Emotion der Scham weiter aufrecht. Für diese Dynamik gibt es mehrere Gründe:
- Durch den Mantel der Geheimhaltung, in den der junge Mann seine alltägliche Existenz einhüllt, können Probleme eskalieren. Ohne ein waches Auge von außen, das sein Handeln überprüft und überwacht, gibt es weniger Hindernisse, Grenzen und Hemmungen, die seinen dysfunktionalen Verhaltensweisen im Wege stehen (Jacquet, 2016).
- Durch sein Vermeidungsverhalten verhindert der junge Mann, dass ihm die benötigte Hilfe zuteilwird.

- Wenn der junge Mann sich abschottet und andere Menschen meidet, hilft ihm das in keiner Weise, sich vor seinem Inneren, seiner kritischen Stimme zu verstecken, die dem Prozess des Schämens weitere Nahrung gibt. Diese innere Stimme ist oftmals voreingenommener, schroffer und destruktiver als ein von außen kommender Kommentar. Ohne die stabilisierende Wirkung einer echten und wohlwollenden externen Unterstützung bleibt der Junge allein mit diesem Nörgeln aus seinem Inneren, das ihn immer daran erinnert, wie fehlerbehaftet und wertlos er ist. Genau das macht die Scham so mächtig und so schmerzhaft.

Die Abkoppelung vom Selbst führt zum Vergessen des Seins

Jungs, die von sich entfremdet sind, leben in einem Zustand der ewigen Mangelhaftigkeit, während sie dieses Schicksal für sich jeden Tag aufs Neue wählen. Ein solches Leben ist jeglicher Gefühle, Bestrebungen oder Träume beraubt – es ist ein eingeschränktes und steriles Leben, in dem die Zeit vorbeigeht, ohne bei der betreffenden Person irgendwelche Spuren zu hinterlassen. Wenn man lebt, als ob man sich außerhalb der Zeit befindet, ist das Leben ohne Sinn.

> THERAPEUT: »Sind Sie nicht in Sorge, dass Sie die Zeit vergeuden?«
> NILS (21 Jahre): »Ich denke nicht darüber nach.«
> THERAPEUT: »Was wird passieren, wenn Sie mal darüber nachdenken?«
> NILS: »Es wird mir schlecht gehen.«

Der deutsche Philosoph Martin Heidegger beschrieb zwei Grundzustände der menschlichen Existenz: die Seinsvergessenheit (forgetfulness of being) und das Seinsverständnis (mindfulness of being) (Yalom, 2005). Junge Männer, die sich unter Anstrengungen von ihrem gesamten Umfeld abschotten, laufen wahrscheinlich vor ihrer eigenen Existenz davon und machen sich zu diesem Zweck die vielfältigen ihnen zur Verfügung stehenden digitalen Zerstreuungen zunutze. Wenn eine Person den Blick auf die eigene Existenz verliert, ist das ein Rezept für ein uneigentliches Leben, weil sie sich ihrer

Verantwortung für das eigene Leben – und der Tatsache der Schöpfer desselben zu sein – nicht bewusst ist. Um den Weg zur Besinnung auf das Leben zu finden, braucht ein Mensch Erfahrungen, die ihn wach werden lassen für die Welt um ihn herum. Negative Emotionen können genau das tun und sind deshalb wichtig – sie erwecken unsere Aufmerksamkeit und erinnern uns daran, dass wir unser Verhalten ändern müssen. Wenn diese Emotionen aber allzu intensiv werden, versuchen wir, sie zu vermeiden, und enden schließlich im Morast der Stagnation:

BENJAMIN (25 Jahre): »Ich habe null Bock.«
THERAPEUT: »Natürlich, wenn wir von unseren Emotionen abgekoppelt sind, fehlt uns der Treibstoff, der uns in Bewegung setzen kann.«
BENJAMIN: »Was meinen Sie mit abgekoppelt?«
THERAPEUT: »Das heißt, wir spüren keine Emotionen und sind immun gegen den Schmerz, der untrennbar mit dem Gefühlserleben verbunden ist.«
BENJAMIN: »Aber das hat doch einige Vorteile, meinen Sie nicht?«
THERAPEUT: »Auch das stimmt. Ich habe von Ihnen gehört, dass Sie sich lange Zeit sehr verwundbar gefühlt haben. In solchen Situationen schaltet sich automatisch ein System ein, das unseren Schmerz lindern soll, und das führt zu einer gewissen Stumpfheit.«
BENJAMIN: »Und was ist falsch daran?«
THERAPEUT: »Wenn der Schmerz abnimmt, nimmt auch die Motivation ab.«
BENJAMIN: »Ich habe definitiv null Bock.«
THERAPEUT: »Aber wenn Sie wieder Zugang zu sich, zu Ihren Gefühlen erlangen, dann werden Sie sehen, dass sich die Motivation ganz natürlich daraus entwickelt.«

Die Beziehung zu sich führt zu einem stärkeren Selbstwertgefühl

Wenn wir unsere Gefühle und Gedanken respektieren, respektieren wir uns selbst; anders ausgedrückt: Wir haben ein gutes Selbstwertgefühl (Branden, 2010). Wenn Jungs – umgekehrt – keinen Zugang zu sich finden, weil sie einige persönliche Aspekte ablehnen oder fürchten, leiden sie unter geringem Selbstwertgefühl und einem Mangel an Selbstrespekt. Entfremdung und Feindseligkeit richten in den Beziehungen zu anderen Menschen verheerende Schäden an, und dasselbe passiert, wenn diese emotionalen Haltungen die Beziehung zum eigenen Selbst beherrschen.

Damit der junge Mann freundlicher mit sich umgehen kann, muss er seinen Erfahrungen eine Stimme geben – das heißt, jene Räume mit Worten ausfüllen, in denen bisher das Schweigen geherrscht hat:

> THERAPEUT: »Erzählen Sie, wie war die letzte Woche?«
> TOBIAS (21 Jahre): »Nicht besonders, wie jede andere Woche auch, mehr oder weniger.«
> THERAPEUT: »Wirklich?«
> TOBIAS: »Ja, ich habe nichts Neues getan.«
> THERAPEUT: »Ihr Leben umfasst viel mehr als nur das, was Sie getan oder nicht getan haben. In jedem Augenblick gehen Ihnen so viele Dinge durch den Kopf; darin ist Reichtum und Sinnhaftigkeit.«
> TOBIAS: »In Ordnung, wenn Sie das sagen ...«
> THERAPEUT: »Zum Beispiel, was geht Ihnen im Moment durch den Kopf?«
> TOBIAS: »Dass ich diesen Reichtum wirklich nicht habe, von dem Sie gerade sprechen.«
> THERAPEUT: »Also das ist wirklich interessant; können Sie das ein bisschen näher erläutern?«

Jungs sind permanent darum bemüht, bestimmte Gefühle und Gedanken zu vermeiden:
- Ich bin nicht gut (ich bin fehlerhaft, nicht gut genug, ich bin eine Null).
- Ich bin ein Versager.
- Ich bin nichts Besonderes.

Die Jungen, denen Schamgefühle den größten Schaden zufügen, sind diejenigen, die sich gegen die in der Scham tief verankerten Botschaft wehren: dass wir alle vulnerabel und unvollkommen sind.

Kurz gesagt: Wir sind Menschen. Jemand, der Scham empfindet und seine Verwundbarkeit als menschliches Wesen nicht akzeptieren will, ist wie jemand, der sich das Bein bricht, aber die ärztliche Diagnose zurückweist und weiterhin sein Bein benutzt, obwohl er das Risiko eines Sturzes eingeht und einen dauerhaften Schaden davontragen könnte. Wenn ein Junge sich zugestehen kann, dass er solche Gedanken hat, werden deren Intensität und der dadurch verursachte Leidensdruck verringert.

Jungs zum Wollen verhelfen

ELTERN: »Alle machen voran, nur du nicht! Macht dir das keine Sorgen?«
MARCO (19 Jahre): »Nein, von mir aus können sie alle Überflieger sein, ist mir völlig egal.«
ELTERN: »Willst du nichts aus deinem Leben machen?«
MARCO: »Nein.«

ELTERN: »Wie können wir ihm helfen, dass er etwas ändert?«
THERAPEUT: »Indem Sie ihm helfen, dass er etwas ändern will.«
ELTERN: »Aber er will nicht.«
THERAPEUT: »Richtig, aber das kommt daher, dass ihm eine Emotion im Weg steht, die es ihm schwer macht, etwas zu wollen.«
ELTERN: »Erzählen Sie uns nicht … geht es dabei auch um Scham?«

Der Wunsch nach Veränderung ist für den Menschen gefährlich, der unter allzu starken Schamgefühlen leidet, denn sie lassen ihren Feind Nummer 1 erwachen: Ansprüche und Erwartungen, die fast zwangsläufig zu schmerzvollen Enttäuschungen führen. Damit es nicht soweit kommt, setzt die betreffende Person einen unsichtbaren, aber kraftvollen Mechanismus in Gang, der jede Motivation an der Wurzel zerstört. Die Emotion der Scham behandelt den Wunsch nach Veränderung so, wie ein Diktator mit Dissidentinnen umgeht.

Seit Beginn beschäftigt sich die moderne Psychotherapie mit der Frage, wieso ein Individuum sich gegen Veränderung sträubt, auch wenn deren Ablauf klar ist und die Vorteile auf der Hand liegen. Früher wurde diese Mentalität als pathologisch betrachtet und Widerstand genannt. Neuere Ansätze haben sich von dieser Diagnose entfernt, weil man erkannt hat, dass Menschen defizitäre und für sie vielleicht schädliche Verhaltensmuster lieber beibehalten möchten und nur schwer verändern können – und dafür gibt es zahlreiche völlig vernünftige Gründe, beispielsweise:

- Die riesige Anstrengung, die generell mit der Veränderung von Gewohnheiten verbunden ist.
- Die Angst, die immer mit dem Unbekannten einhergeht.
- Die Sorge, dass man die der Veränderung dienlichen Fertigkeiten nicht entwickelt.
- Die Furcht davor, dass sich durch eine Veränderung das vorhandene Problem verschärft.
- Konflikte mit anderen Menschen, die auf Veränderung drängen.

Der wichtigste Schritt in jedem Veränderungsprozess ist der, die notwendige Motivation dazu aufzubringen, doch in unserem Eifer, den jungen Mann zu ermuntern, etwas aus seinem Leben zu machen, lassen wir die Motivation vielleicht unbeachtet (Miller u. Rollnick, 2015):

ELTERN: »Wir suchen einen Therapeuten, der unserem Sohn die Instrumente gibt, damit er endlich etwas aus sich macht.«

THERAPEUT: »Instrumente sind zwar wichtig, aber was lässt Sie annehmen, dass er sie auch benutzt?«

ELTERN (nach einigem Überlegen): »Sie haben recht, wird er wahrscheinlich nicht.«

THERAPEUT: »Da stimme ich zu. Erstens muss er zur Veränderung motiviert sein. Im Moment will der dominante Teil seines Bewusstseins keine Veränderung. Wir müssen die Seite stärken, die das will. In dieser Phase ist es noch zu früh, ihm Instrumente zu geben. Das führt höchstwahrscheinlich zu einer weiteren Erfahrung des Scheiterns, was seiner Motivation nur noch weiter schaden würde.«

Reflexionsfragen Ist Ihr Sohn bereit für Veränderung? Auf welche Weise ermuntern Sie ihn, damit er Veränderung will?

Die meisten jungen Männer, die »festhängen«, wollen Veränderung und wollen sie zugleich auch nicht. Ihr Bewusstsein scheint gespalten zu sein: Der eine Teil möchte Veränderung, während der andere Teil vor Veränderung Angst hat und sich dagegen sträubt. Diesen Zustand des Seins nennt man Ambivalenz. Der widerspenstige Teil ist tendenziell lautstärker und sichtbarer, während der andere Teil, der Veränderung will, zurückhaltender ist. Unter diesen Umständen müssen die Eltern danach trachten, den zuletzt genannten Teil zu stärken und den zuerst genannten Teil zu schwächen. Ein bewährtes Rezept, dieses Ziel zu verfehlen, ist der Versuch, den jungen Mann mit Logik und Rationalität überzeugen zu wollen:

> ELTERN: »Hast du heute schon angerufen, um nachzufragen, ob sie irgendwelche Jobs haben?«
> MAX (25 Jahre): »Nein! Lasst mich in Ruhe, ich werde das in meinem Tempo tun.«
> ELTERN: »Aber du hast doch gesagt, du würdest anrufen!«
> MAX: »Stimmt nicht, das habe ich nicht gesagt!«
> ELTERN: »Verstehst du nicht, dass es schrecklich ist, wenn du hier rumsitzt und nichts tust?«
> MAX: »Das ist mir wurscht.«

Dialoge dieser Art sind nicht hilfreich, weil die Eltern nur den Strohmann attackieren: Sie gehen davon aus, dass ihr Sohn den Ernst des Problems und die Bedeutung, zu arbeiten oder zu studieren, nicht begreift oder falsch einschätzt. In Wirklichkeit liegt das Hauptproblem aber nicht darin, dass der Junge nicht begreift; es ist vielmehr die Ambivalenz und die begleitende Paralyse, die das Handeln verhindern. Jeder Versuch, den Jungen zur Vorwärtsbewegung zu motivieren, muss damit beginnen, dass die Eltern ihn ermutigen, die unterschiedlichen Aspekte der Situation zu artikulieren. Und das erreichen sie durch Gespräche, die sich darauf konzentrieren, »den Moment zu lösen und nicht das Problem« (siehe Kap. 2, 59):

> ELTERN: »Hast du heute angerufen, um nachzufragen, ob es im Einkaufszentrum irgendwelche Jobs gibt?«

Max: »Nein! Lasst mich in Ruhe, ich werde das in meinem Tempo tun.«

Eltern: »Ja, natürlich, du wirst anrufen, wenn du soweit bist. Aber wir würden sehr gerne wissen, wie du darüber denkst und ob du Zweifel hast.

Max: »Wenn ihr das wirklich wissen wollt – ich wollte eigentlich gar nicht anrufen.«

Eltern: »Hat das damit zu tun, dass dir die Arbeit langweilig vorkommt oder dass du den Job nicht behalten könntest, aus irgendeinem Grund?«

Max: »Ja, weshalb sollte ich etwas anfangen, wenn ich weiß, es ist nicht für lange?«

Eltern: »Deine Sichtweise macht Sinn; du hast es ein paar Mal versucht und nichts ist dabei rumgekommen ...«

Max: »Also weshalb bedrängt ihr mich dann?«

Eltern: »Wir wollen dich überhaupt nicht bedrängen. Wir wollen einfach nur wissen, was mit dir los ist. Wir wollen dich unterstützen und auf einer Wellenlänge mit dir bleiben.«

Max: »In Ordnung, das weiß ich. Es ist heute für mich einfach nichts dabei rumgekommen.«

Eltern: »Ist ja schon gut, wir kritisieren dich auch nicht. Wir wollen dich einfach nur unterstützen und dir das Gefühl geben, dass wir an dich glauben.«

Max: »In Ordnung, danke. Ich versuche es morgen nochmal.«

Die Eltern können ihren Sohn beeinflussen, auch wenn ihre Versuche ihm gleichgültig zu sein scheinen. Ermutigung, offene Kommunikation, Achtung vor seinem Entwicklungstempo, Anregungen für Handlungsoptionen – all das sind wichtige Elemente in diesem Prozess. Allerdings müssen wir sehen, dass der Wille zur Veränderung – oder eigentlich zu einer Alternative – nicht auf Knopfdruck erzeugt werden kann. Wille, Motivation und Bereitschaft bilden sich allmählich heraus, sobald der Junge an sich glaubt und der Selbstzweifel schwächer wird.

Vorsicht, Unterstützung verwandelt sich nicht in Befähigung!

Ein Schlüssel zu einem gesunden zwischenmenschlichen Verhältnis liegt in der Grenzziehung – und das gilt nicht nur für Eltern-Kind-Beziehungen, sondern auch für Paarbeziehungen, Freundschaften und Interaktionen mit Mitarbeiterinnen und Kollegen – um nur ein paar Beispiele zu nennen. Eine Grenze hat zwei Funktionen: Wenn man eine Grenze setzt, legitimiert man seine Bedürfnisse und Wünsche und macht zugleich den anderen Menschen deutlich, wann ihr Verhalten inakzeptabel ist.

Irgendwann können die Anstrengungen der Eltern, ihren Sohn zu unterstützen, umschlagen in Verhaltensweisen, die eine ungesunde Lebensweise begünstigen. Die Eltern verlieren die Grenzen, die sie ihrem Sohn gesetzt haben, aus dem Blick und bekommen aufgrund ihres Handelns den Eindruck, auf diesem Weg auch ihre Integrität verloren zu haben. Dies wiederum führt dazu, dass der unproduktive Lebenswandel des Sohnes mit allen dazugehörigen Verhaltensmerkmalen wie Vermeidung, Unreife und Rücksichtslosigkeit erleichtert und perpetuiert wird (Lebowitz, Dolberger, Nortov u. Omer, 2012).

Manchmal können Menschen den Kurs ihres Lebens erst ändern, wenn sie gewissermaßen auf »Grund gelaufen« sind. Wir alle kennen Geschichten wie diese: von einem Alkoholiker, der in einen Autounfall verwickelt ist, betrunken am Steuer; von einem Spielsüchtigen, der seine Familie zu verlieren droht; oder von einem Cannabisraucher, dessen Eltern ihn rauswerfen wollen. Ohne Feedback auf ihr Verhalten können junge Männer allerdings ihren dysfunktionalen Lebenswandel unendlich lang fortsetzen. Mit anderen Worten: Der »Grund«, auf dem diese Jungs »gelandet« sind, ist recht bequem und hinterlässt insofern keinen Abdruck in ihrer Sinneswahrnehmung.

Die Eltern haben vielleicht das Gefühl, etwas Dramatisches tun zu müssen, damit ihr Sohn aufwacht, die Augen öffnet und sich bewegt. In manchen Situationen ist das vielleicht richtig, aber bevor sie zu drastischen Maßnahmen greifen, sollten sie ihren Widerstand besser weniger betont ausdrücken und weichere Strategien anwenden – die in einer solchen Situation nicht unbedingt weniger wirksam sind. So können die Eltern etwa folgende Maßnahmen ausprobieren:

- Die mit Internetsurfen verbrachte Stundenzahl reduzieren.
- Die im Zimmer des Sohnes gefundenen Drogen und Alkoholika entsorgen.
- Einen kaputten Computer nicht mehr reparieren lassen.
- Mit anderen Menschen über die Sorgen über das Verhalten des Sohnes sprechen und sie bitten, Kontakt zu ihm aufzunehmen.

Mit solchen Aktionen soll der Sohn nicht bestraft, sondern die Abneigung der Eltern zum Ausdruck gebracht werden, sein destruktives Verhalten nicht mehr zu billigen. Die Wirkung solcher Maßnahmen hängt zum großen Teil davon ab, wie sie vermittelt werden: Deshalb sollten die Eltern nicht zornig schreien: »Wir haben deine Partys bis obenhin satt! Es gibt jetzt kein Internet mehr! Keine Drogen mehr in unserem Haus! Jetzt ist Schluss damit, den ganzen Tag zu verschlafen!«, sondern dem Sohn in Ruhe mitteilen: »Wir wollen dir nicht weh tun, aber wir meinen, dass wir in unserem Haus das Recht auf einen ruhigen Nachtschlaf haben. Wir dürfen wohl in einer Wohnung leben, in der nicht die ganze Nacht lang Videospiele gespielt werden, wo jeder kommt und geht, wie es ihm passt!« Machen wir uns nichts vor: Das reicht bestimmt nicht aus, damit der Sohn am nächsten Morgen als veränderte Person aufwacht. Und doch stellt so ein sanfter Einspruch ein Hindernis gegen ein ungesundes und unbilliges Verhalten auf. Dieser Schritt reduziert auch die Wahrscheinlichkeit, dass die Eltern ein Szenario heraufbeschwören, in dem sie versehentlich Sanktionen erlassen oder das Problem sogar verschärfen.

Geduld

Unsere Bemühungen zielen nicht nur darauf ab, Veränderung herbeizuführen und destruktive Gewohnheiten und Praktiken wie etwa Selbstisolation zu beenden, sondern auch die Blockaden wegzuräumen, die Entwicklung und Wachstum des Jungen behindern, sodass sich ihm neue Chancen der Situationsbewältigung eröffnen. Je ernsthafter das Problem, desto wichtiger ist es, dass der junge Mann Zugang zu anderen Menschen findet und dabei unterstützt wird. Auf diesen Prozess sollten die Eltern ihre ganze Konzentration legen, während sehr konkrete Ziele wie beispielsweise zur Arbeit gehen als zweitrangig betrachtet werden sollten. Verbindungen zu anderen geben Hoffnung, den Willen zum Vorankommen und Motivation. Wenn diese Ziele erreicht sind, erwächst die Entscheidung des Jungen, ins Leben zurückzukehren, auf natürliche Weise aus einer umfassenderen Veränderung in seinem Wertesystem und seiner gesteigerten Fähigkeit zur Emotionsregulation.

Wir leben in einer Welt, in der sich der Lebensrhythmus generell beschleunigt hat, doch einige Prozesse haben sich verlangsamt. Insbesondere junge Männer brauchen mehr Zeit, um sich ihren ständig wandelnden Umwelten anzupassen. Manchmal scheinen sie dafür allzu lange zu brauchen, scheinen ihr Leben zu vergeuden und nicht zu erkennen, dass sie wichtige Gelegenheiten verpassen, die zu Erfolg und Wohlstand führen können. Die Eltern können ihre Söhne nicht dazu zwingen, erwachsen zu werden, aber sie können ihnen dabei helfen und gleichzeitig eine wichtige Rolle in ihrem Leben übernehmen und Freude daran haben.

Literatur

Almog, T., Almog, O. (2016). Generation Y (Hebräisch). Jerusalem: Modan.

Alter, A. (2017). Irresistible: The rise of addictive technology and the Business of keeping us hooked. New York City: Penguin Press.

Arnett, J. J. (2014). Emerging adulthood: The winding road from the late teens through the twenties. Oxford University Press.

Arnett, J. J., Fishel, E. (2014). Getting to 30: A Parent's Guide to the 20-something Years. New York City: Workman Publishing.

Asen, E., Fonagy, P. (2012). Mentalization-based therapeutic interventions for families. Journal of Family Therapy, 34(4), 347–370.

B. Bracken, J. Rodolico, K. Hill, »Sex, Age, and Progression of Drug Use in Adolescents Admitted for Substance Use Disorder Treatment in the Northeastern United States: Comparison with a National Survey,« Substance Abuse 34, no. 3 (2013): 263–72.

Berenson, A. (2019). Tell your children: The truth about Marijuana, Mental Health, and violence. New York City: Free Press.

Branden, N. (1990): Ich liebe mich auch: Selbstvertrauen lernen. Hamburg: Rowohlt. [Orig. (1985): Honoring the Self: The Psychology of Confidence and Respect. New York City: Bantam].

Branden, N. (2010): Die 6 Säulen des Selbstwertgefühls: Erfolgreich und zufrieden durch eins tarkes Selbst. München: Piper. [Orig. (1995). The six pillars of self-esteem. New York City: Bantam Doubleday Dell Publishing Group Incorporated].

Brown, B. (2012): Die Gaben der Unvollkommenheit: Leben aus vollem Herzen – lass los, was du glaubst sein zu müssen, und umarme, was du bist. Bielefeld: Kamphausen [Orig. (2010). The gifts of imperfection: Let go of who you think you're supposed to be and embrace who you are. New York City: Hazelden Publishing.].

Brown, B. (2017): Verletzlichkeit macht stark: Wie wir unsere Schutzmechanismen aufgeben und innerlich reich warden. München: Kailash Verlag. [Orig. (2015). Daring greatly: How the courage to be vulnerable transforms the way we live, love, parent, and lead. New York City: Penguin].

Brown, S. L. (2009). Play: How it shapes the brain, opens the imagination, and invigorates the soul. New York City: Penguin.

Bukobza, G. (2017). The great drama of new manhood. Modan Publishing House. (In Hebrew).

Cacioppo, J. T., Patrick, W. (2008). Loneliness: Human nature and the need for social connection. New York City: WW Norton u. Company.

DeRamus, T. (2011) The Secret Addiction: Overcoming Your Marijuana Dependency. Montgomery: SMA International, LLC.

DeSteno, D. (2018) Emotional Success: The Power of Gratitude, Compassion, and Pride. Boston: Houghton Mifflin Harcourt.

Eberle, S. G. (2014). The elements of play: Toward a philosophy and a definition of play. American Journal of Play, 6 (2), 214–233.

Farrell W., Gray, J. (2018). The boy crisis: Why our boys are struggling and what can we do about it. Dallas: BenBella Books Inc.

Fessler, D. (2004). Shame in two cultures: Implications for evolutionary approaches. Journal of Cognition and Culture, 4 (2), 207–262.

Foote, J. (2014). Beyond Addiction: How Science and Kindness Help People Change. New York City: Scribner.

Fredrickson, B. (2009) Positivity. New York City: Potter/Ten Speed/Harmony/Rodale.

Garbarino, J. (1999). Lost boys: Why our sons turn violent and how we can save them. New York City: Free Press.

Gilbert, P., McGuire, M. T. (1998). Shame, status, and social roles: Psychobiology and evolution. In P. Gilbert, B. Andrews (Hrsg): Shame: Interpersonal behavior, psychopathology, and culture (S. 99–125). Oxford University Press.

Gilbert, P., Procter, S. (2006). Compassionate mind training for people with high shame and self-criticism: Overview and pilot study of a group therapy approach. Clinical Psychology u. Psychotherapy: An International Journal of Theory u. Practice, 13 (6), 353–379.

Gogek, E. (2015). Marijuana Debunked: A handbook for parents, pundits and politicians who want to know the case against legalization. Asheville: InnerQuest Books.

Granic, I., Lobel, A., Engels, R. C. (2014). The benefits of playing video games. American psychologist, 69(1), 66.

Haen, C. (2011). Boys and therapy: The need for creative reformulation. In Engaging boys in treatment (S. 3–40). London: Routledge.

Hawkins, M. A. (2016) The Power of Boredom: Why Boredom is Essential for Creating a Meaningful Life. Victoria: Tellwell Talent.

Hill, K. P. (2015) Marijuana: The Unbiased Truth about the World's Most Popular Weed (S. 36–37). Kindle Edition. New York City: Hazelden Publishing.

Jacquet, J. (2016). Is shame necessary? New uses for an old tool. New York City: Vintage.

Kaufman, G. (1992). Shame: The power of caring. Rochester: Schenkman Books.

Kaufman, G. (2004). The psychology of shame: Theory and treatment of shame-based syndromes. New York City: Springer Publishing Company.

Kearney, C. A. (2001). School refusal behavior in youth: A functional approach to assessment and treatment. Washington, D.C.: American Psychological Association.

Kindlon, D., Thompson, M., (2001). Was braucht mein Sohn? Wie Eltern die emotionale entwicklung fördern können. Frankfurt/M.: Krüger. [Orig: (2000). Raising Cain: protecting the emotional life of boys. New York City: Ballantine Books].

Lebowitz, E., Dolberger, D., Nortov, E., Omer, H. (2012). Parent training in nonviolent resistance for adult entitled dependence. Family Process, 51 (1), 90–106.

Lewis, H. B. (1971). Shame and guilt in neurosis. Psychoanalytic review, 58 (3), 419–438.

Lewis, M. (1995). Shame: The exposed self. New York City: Simon and Schuster.

MacDonald, G., Leary, M. R. (2005). Why does social exclusion hurt? The relationship between social and physical pain. Psychological bulletin, 131 (2), 202.

Mann, S. (2017). The Science of Boredom. Boston: Little, Brown Book Group.

Maurer, R. (2019): Wie ein Kleiner Schritt Ihr leben verädnert: Der Weg des Kaizen. München: FinanzBuchVerlag. [Orig. (2014): One small step can change your life: The kaizen way. New York City: Workman Publishing].

McGonigal, J. (2011). Reality is broken: Why games make us better and how they can change the world. New York City: Penguin.

McGonigal, J. (2015). SuperBetter: A revolutionary approach to getting stronger, happier, braver and more resilient. New York City: Penguin.

Miller, W. R., Rollnick, S. (2015): Motivierende Gesprächsführung: Motivational interviewing. 3. Auflage des Standardwerks in Deutsch. Freiburg i. Br.: Lambertus. [Orig. (2012). Motivational interviewing: Helping people change. New York City: Guilford press].

Morrison, A. P. (2014). Shame: The underside of narcissism. London: Routledge.

Omer, H., Schlippe, A. v. (2016). Autorität durch Beziehung: die Praxis des gewaltlosen Widerstands in der Erziehung. Göttingen: Vandehoeck & Ruprecht.

Pollack, W. (1998). Real boys. New York City: Random House.

Sax, L. (2016). Boys adrift: The five factors driving the growing epidemic of unmotivated boys and underachieving young men. New York City: Basic Books.

Scheff, T. J. (1990). Socialization of emotions: Pride and shame as causal agents. Research agendas in the sociology of emotions, 281–304.

Szalavitz, M. (2017): clean – Sucht verstehen und überwinden: ein revolutionärer Erklärungsansatz und neue Chancen für die Therapie. München: mvg Verlag. [Orig. (2016): Unbroken brain: A revolutionary new way of understanding addiction. New York City: St. Martin's Press].

Tangney, J. P., Dearing, R. L. (2003). Shame and guilt. New York City: Guilford Press.

Thompson, C. (2013). Smarter than you think: How technology is changing our minds for the better. New York City: Penguin.

Tracy, J. L., Robins, R. W. (2007). The nature of pride. The self-conscious emotions: Theory and research, 263–282.

Tracy, J. L., Robins, R. W., Tangney, J. P. (Eds.). (2007). The self-conscious emotions: Theory and research. New York City: Guilford Press.

Turner, T. (2017). Belonging: Remembering Ourselves home. Her Own Room Press.

Twenge, J. M. (2017). IGen: Why today's super-connected kids are growing up less rebellious, more tolerant, less happy – and completely unprepared for adulthood – and what that means for the rest of us. New York City: Simon and Schuster.

Weinblatt, U. (2018). Shame regulation therapy for families: a systemic mirroring approach. Basel: Springer International Publishing.

Wile, D. B. (1993). After the fight: A night in the life of a couple. New York City: Guilford Press.

Yalom, I. D. (2005): Existenzielle Psychotherapie. Köln: EHP, 4. Aufl. [Orig. (1980). Existential psychotherapy (Vol. 1). New York City: Basic Books].

Zimbardo, P., Coulombe, N. D. (2015). Man Disconnected: How technology has sabotaged what it means to be male. New York City: Random House.